Jürgen Hembd

Literarische Restposten

Poesie und Prosatexte
aus heimischer Schreibwerkstatt

© 2023 Jürgen Hembd
Herstellung und Verlag:
BoD – Books on Demand
Norderstedt
ISBN: 978-3-7578-3071-7

Dieses Buch

Ist

René Schütz

gewidmet.

Vorwort

Auch wenn ich mich wiederholen sollte, so sei die Frage nochmals gestellt:
Wie fing eigentlich alles an bei mir – ich meine die Sache mit dem Schreiben von Poesie und Prosa?
Erste außerschulische *Prosatexte* entstanden wohl bereits in den 50er Jahren.
Da war ich, selbst immer noch ein Jugendlicher, Jugendgruppenleiter der Gruppe *Artus* an der evangelischen Kirchengemeinde Alt-Schöneberg und berichtete von unseren „Westwanderfahrten". Diese Fahrten führten meist per Bus über die zugelassenen Transitwege von Berlin-West nach „Westdeutschland", wobei einige Jugendliche als Flüchtlingskinder damals sicherheitshalber meist bis Hannover mit dem Flugzeug hin- und zurückfliegen mussten – man konnte ja nie wissen...

Die Geburtsstunde meiner *poetischen* Versuche hingegen lag später.

Im Jahre 1970 wurde ich nach meinem Ersten Staatsexamen Studienreferendar an der Werner-von-Siemens-Oberschule, einem Gymnasium in Berlin-Nikolassee. Dort wurde (das genaue Jahr ist mir nicht mehr erinnerlich) der von uns allen verehrte und geliebte *August Dahrendorf*, Oberstudienrat und stellvertretender Schulleiter, auf eigenen Wunsch ein wenig vorzeitig in den Ruhestand verabschiedet. Er hatte nämlich aus den Lebensdaten mehrerer seiner Vorfahren die durchschnittliche Lebensdauer seiner Altvorderen errechnet, diesen Durchschnittswert auf sich selbst bezogen und entschieden, dass es nun allerhöchste Zeit sei, das berufliche Handtuch zu werfen um wenigstens noch einige Jahre genüsslich leben zu können. (Im Übrigen wurde er älter als von ihm zunächst „errechnet" worden war.)

Er hatte Chemie und Physik unterrichtet und so baute ich ihm die „DaKi", die „Dahrendorf'sche Kiste", deren Funktionsweise ich dann mit Hilfe eines entliehenen weißen Kittels (einen solchen trug er nämlich stets in seinem Unterricht) vor aller Augen vorführte. Es war ein kleines trickreiches Zauberwerk, mit dem sich auf gewollt naive Weise r physikalische „Versuche" stark verfremdet darstellen ließen, Versuche, aus denen ich dann zur Belustigung des Kollegiums vier „Dahrendorf'sche Regeln der Physik" ableitete.

August Dahrendorf schien in seinem Herzen von unser aller Zuneigung ihm gegenüber tief bewegt und seine Dankesrede erstarb dann unter seinen Tränen. Frau *Behm*, unsere damals einzige und einzigartige Musiklehrerin, löste die Spannung auf, indem sie lautstark das Büffet eröffnete.

Bei weiteren Kollegiumsfeiern fertigte ich Karikaturen auf Overhead-Folien an oder verkleidete mich als Weihnachtsmann – aber bald fiel mir nichts Rechtes mehr ein.

In jenen Tagen (in den frühen 80ern) pflegte ich mittwochs nach Schulschluss mit *Frau Dr. Herrmann*, einer liebenswerten Kollegin aus dem naturwissenschaftlichen Fachbereich, im Musiksaal am Flügel vierhändig *Diabelli* zu spielen. Ich spielte immer auf der rechten, der einfacheren Seite, der Seite für Minderbegabte. Leider fehlte mir trotz aller Motivation und beharrlichen Übens zum Klavierspiel das nötige pianotechnische Talent. Vielleicht oder viel wahrscheinlicher beruhte dieses Unvermögen wohl auf der mangelnden Koordinierungsfähigkeit meines Gehirns. Es ist mir bis heute ein Rätsel, wie begabt Menschen (wie etwa meine verstorbene Frau oder sämtliche mit bekannten Kantoren) sein müssen, die unglaublicherweise mit links *und* zugleich mit rechts jeweils verschiedene Tasten auf einmal greifen können, wobei ihnen selbst unterschiedliche Tonlängen und verwirrende Vorzeichen wenig auszumachen scheinen.

Es kam der Tag, an dem ich gebeten wurde, bei einer größeren schulischen Veranstaltung meine inzwischen erworbenen und doch bescheidenen Tonkünste auf dem Flügel zum Besten zu geben – allein, ich weigerte mich beharrlich und hätte diesen Härtetest auch aus den oben genannten Gründen niemals bestanden. Es sollte mir überhaupt nichts ausmachen, in der vollbesetzten Aula im Quartett Bach´sche Weihnachtschoräle zu singen, weil ich mit meiner Stimme sprechend oder singend umgehen kann. Instrumental jedoch vorzuspielen, das war für mich nicht zu bewältigen.

Ein weiterer Beitrag bestand in einem Gedicht – und ich errang einen ersten Achtungserfolg. In den folgenden Jahren fand ich Gefallen an der Idee, zur

Überraschung und Freude der Anderen „unerwartet"
etwas Gereimtes sozusagen „aus dem Hut" (oder
besser „aus der Jackentasche") hervorzuzaubern.
Bald jedoch war es nicht mehr unerwartet, sondern
es ergab sich wie von selbst ein gewisser
Zugzwang; denn ich konnte mich nun besonders bei
Verabschiedungen von Kollegen in den Ruhestand
schon aus Gründen der Gerechtigkeit niemandem
verweigern. Aber ich möchte es nicht verhehlen,
dass mir diese kleine Abstattung meines Dankes für
gute Zusammenarbeit über viele Jahre stets
ehrliche Freude bereitet hat; denn indem man gibt,
nimmt man bekanntlich auch.

Dichten heißt seine Gedanken in verdichteter Form
auszudrücken. Manchmal werden dabei die
strengen Regeln der Syntax ausgehebelt und
zuweilen gilt das *Gesetz der dichterischen Freiheit.*
Es mag sein, dass wir uns in Prosaform subtiler und
präziser ausdrücken können. Beim Dichten
bedienen wir uns oft der „uneigentlichen", der
metaphorischen (bildhaften) Sprache und diese
besondere Sprachform verfehlt selten ihre Wirkung.

Viele meiner nachfolgenden Gedichte sind in ihrer
Vorbereitungsphase unterwegs entstanden: in der
U-Bahn, in der S-Bahn, im Bus, im Regionalzug,
mitten auf der Straße, bei Wanderungen und
gelegentlich in meinen Wachträumen. Stets hatte
ich kleine Zettel und etwas zum Schreiben dabei
und konnte sofort festhalten, was mir gerade an
Gedanken eingefallen war. Es gab Tage, da fielen

mir die Reime nur so zu. Dann wieder kamen Zeiten einer dichterischen Dürreperiode.

Oft hatte ich in den achtziger Jahren nach einiger Zeit ungebetene Zuschauer, wenn ich mit meinem Skizzen- oder Malblock oder gar mit meiner Staffelei irgendwo im vermeintlich verborgenen Gelände saß oder stand. Wir Menschen sind offenbar fasziniert vom Beobachten des kreativen Schaffensprozesses der Anderen:
„Ah, da malt eena – lass ma kieken!"
Wen hingegen interessiert es schon, wenn jemand fotografiert oder dichtet?

Als ich im Jahre 2006 pensioniert wurde, erhielt ich vom Kollegium ein verfremdetes Portraitfoto, auf dem ich aussehe wie Shakespeare. Man hatte mich ehrenhalber zum „poetus laureatus" ernannt. Danke! Ich begrüße mich selbst an jedem Morgen beim Aufstehen als das andere Ich.
Im Jahre 2007 veröffentlichte ich bei BoD unter dem Titel „Wie ein Magnet" einen kleinen Gedichtband, den ersten, den ich meiner Frau widmete.
Seit einigen Jahren ist meine Dichterseele phasenweise verstummt und ich vermeide es, ohne Not irgendwo deklamierend in den Mittelpunkt zu treten; denn nirgendwo steht geschrieben, dass wir ein Leben lang dieselbe Rolle spielen müssen – oder?

Jürgen Hembd

Berlin, im Frühjahr 2023

Auftakt zum Fest

Gegrüßt seid Ihr, Ihr lieben Gäste,
Kamt Ihr hierher von nah und fern,
Bei uns zu sein zu diesem Feste.
Gegrüßt seid Ihr, wir seh'n Euch gern!

Lasst speisen uns und Gläser klingen,
Lasst lachen uns und fröhlich sein,
Lasst reden uns und lasst uns singen
Beim kunterbunten Stelldichein!

Was gibt uns Kraft zu diesem Leben,
Es sei denn Lieb' und Zuversicht?
Die feste Bindung, die wir weben,
Die zeige uns den Weg zum Licht!

Auf festen Wegen woll'n wir wandeln
Durch dieses Daseins weiten Raum;
Bedacht und stets mit Klugheit handeln,
Im Herzen tragen unsern Traum!

Seid abermals gegrüßt, Ihr Gäste,
Seid unbeschwert bei Lied und Spiel!
Geht froh nach Haus' Ihr nach dem Feste,
So ist erreicht dann unser Ziel.

(J.H. 18.03.1989; b. 03/2023)

Das Hindernis

Die folgende Begebenheit spielte im Jahre 1962 am Nordwestufer der Griebnitzsees, im alten West-Berlin, gegenüber „Griebnitzsee/ Ecke" Teltowkanal und den Bäkewiesen. Hauptdarsteller sind ein junges Paar und ein Paddelboot:

Sie lagen nebeneinander am Seeufer.
Sie im prallen Bikini, er in seinen karierten Badeshorts.
Der Sommerhimmel war wolkenlos.
Sanfte Wellen schlugen gegen die Wände des Bootes ein paar Meter unten am Ufer.
Sie hatten einander lange nicht mehr gesehen, ja fast gänzlich aus den Augen verloren.
Sie studierte Romanistik im fortgeschrittenen Semester.
Er steuerte auf sein externes Abitur und sein anschließendes Studium zu.

Sie regte sich darüber auf, dass sie so viel Energie für das Studium des Altfranzösischen aufbringen müsse, Studieninhalte ohne praktischen Nutzwert!

Drüben lag der Campingplatz.
Stimmenwirrwarr, Lachen und Rufen jenseits des flimmernden Sees.
Unmittelbar daneben verlief im rechten Winkel die Staatsgrenze mit ihrem blinkenden Metallzaun und den Hundelaufgittern.
Dahinter der gepflügte Todesstreifen.

Manchmal bellte einer der Wachhunde in die gleißende Öde.

Phonetik sei doch viel wichtiger als Altfranzösisch!

Er hörte ihr zu und dann auch wieder nicht.
Seine Gedanken wanderten hinüber, bis hinter die Grenze.
Nein, dieser Zaun war ein unüberwindliches Hindernis.

Grammatik sei wichtig für´s Korrigieren. Ohne Grammatik ginge es nicht.

Nein, natürlich nicht!
Er beobachtete das wechselnde Schattenspiel der Blätter schemenhaft auf ihrem Körper tanzen.
Es war alles wohlgeformt und da, wo es hingehörte.

Sie bräuchte noch viel, viel Zeit um die umfangreiche französische Literatur zu lesen.

Dann erhob sie sich um etwas aus dem Boot zu holen.
Da war es wieder:
Ihrem Gang fehlten die gewisse Eleganz und Leichtigkeit, ihre Bewegungen waren so wenig geschmeidig, eher ungelenk.
Das war ihm schon letztes Jahr als hinderlich aufgefallen.
In ihm kämpfte sein Verstand vergeblich gegen sein Gefühl.

Drüben konnte man die Grenzwächter auf ihrem Turm lungern und mit ihren Ferngläsern in die Weite spähen sehen.
Lauter Hindernisse heute!

Jahre danach erfuhr er, dass sie ihre Examina bestanden hatte.
Und er die seinigen.

(J.H. undatiert; b. 03/2023)

Das tapfere Schneiderlein und die Moral vom Tod der Riesen

Soweit ich mich daran erinnern kann, geht die folgende Begebenheit auf einen Theaterbesuch (vielleicht Anfang der 80er) mit unseren damals noch kleinen Kindern zurück. Wann und wo genau – ob im Theater des Westens oder im Hansaviertel - das habe ich leider vergessen.

Als Belohnung winkt ihm die Hand der Prinzessin, so steht`s im Buch, so geht´s zu auf der Theaterbühne. Aber zuvor muss das tapfere Schneiderlein noch die beiden Riesen zur Strecke bringen, die das Land verunsichern.
So will´s der König.
Und diese beiden Kerle müssen wir uns furchterregend ausmalen: Groß wie Türme und ungeschlacht, zottelig und grimmig, mit bleckenden

13

Zähnen und Pranken zum Baumausreißen, mit Füßen wie Brückenpfeiler und Mäulern wie Scheunentore.

„Die können vor Kraft nich loofen," würde man in Berlin dazu sagen.

Ein großes Maul hatten sie wirklich. Wir werden es gleich hören.

Das clevere Schneiderlein hatte nämlich einen Ast genau über den schlafenden Giganten bestiegen - natürlich nicht, ohne zuvor seine Taschen mit Steinen prall gefüllt zu haben. Und einige dieser Steine schleuderte es nun dem einen der beiden Riesen auf die Birne. Der hatte allerdings eine lange Leitung und tat sich mächtig schwer herauszufinden, was Sache war.

„He, Du, was schlägst Du mich?" dröhnte er seinem Kumpanen ins Ohr.

Der wiederum grunzte schlaftrunken: „Du träumst, ich schlage Dich nicht."

Nach einer Weile wiederholte sich das Spiel und dann noch öfter, jeweils mit vertauschten Rollen – versteht sich, bis es unseren beiden hellen Köpfchen dann doch zu bunt wurde.

So steht´s im Buch, so geht´s zu auf der Bühne.

Sie rülpsten und röhrten und schubsten und stießen sich. Sie schäumten vor Wut und kamen so richtig in Fahrt. Sie rissen schnell mal ein paar Bäume aus, schlugen sich diese um die Ohren und schlugen sich gegenseitig mausetot.

So steht´s im Buch, so geschieht´s auf der Seitenbühne.

Meine Tochter und mein Sohn und alle anderen Kinder kommen aus dem Staunen nicht mehr raus.
Ja, und die Moral von der Geschicht´?
„Wenn zwei sich schlagen, freut sich der lachende Dritte" oder „Lieber schlau und schmächtig als blöd und kräftig"?

Was wäre geschehen, wenn die großmäuligen Riesen bei Trost gewesen wären?
Dann hätten sie vermutlich den faulen Zauber entdeckt, hätten das tapfere Schneiderlein wie ein Eichhörnchen über die Baumwipfel gefegt, so ganz ohne Belohnung und happy ending mit der ersehnten Prinzessin.
Unsere Geschichte hätte dann kein blutrünstiges Ende und keine überzeugende Moral. Wie fade – lieber mit Moral!
Also gut, bleiben wir bei der Moral und den Riesen in unserer Welt.
Bei modernen Riesen? Bei den Riesen unserer Zeit?
Ob wir als Dritte noch zu lachen hätten, wenn *die* provoziert und sich schlagen würden?
Keine Bange, Leute, *Das tapfere Schneiderlein* ist doch nur ein Märchen!

(J.H. undatiert; b. 03/2023

Wie gut kann man mit dem Herzen sehen?

Als vor 60 Jahren der französische Schriftsteller *Antoine de Saint-Exupéry* (1900 – 1944) von der Frau seines amerikanischen Verlegers um einen Text für Kinder gebeten wurde, schrieb er *„Der kleine Prinz"*.

In der Rahmenhandlung erfahren wir, dass der Erzähler als Sechsjähriger gerne Maler geworden wäre, hätten ihm die großen Leute nur Mut gemacht. War aber nicht so. Demzufolge sei er Flieger geworden. 1937 könnte es gewesen sein, da sei er mit einem Motorschaden in der Sahara notgelandet, mit Wasservorrat für acht Tage.

„Bitte...zeichne mir ein Schaf!" Der ihn, den in der Einsamkeit Gestrandeten, mit seltsam klarer Stimme aus dem Schlaf reißt, ist – und hier tauchen wir ein in das Reich der Fantasie – der kleine Prinz, Besitzer von drei Vulkanen und einer Blume mit vier Dornen, wohnhaft auf dem Asteroiden B 612, einem hausgroßen Planeten. Er ist auf die Erde gefallen, auf der Suche nach einem Freund.
Endlich hat er einen Erzähler gefunden, der, stets allein geblieben, den Erwachsenen mit großem Abstand begegnet, weil diese doch nie das Wesentliche fragten.
Beharrlich stellt der kleine Blondschopf seine Fragen. Er kann herzlich lachen, und bitterlich weinen. Er liebt Sonnenuntergänge über alles und gibt sich mit der Zeichnung eines Schafes

zufrieden, ausgeführt von der ungelenken Hand des Erzählers – ein Schaf, eher einer Kiste gleichend. Hoffentlich würde dieses Schaf die jungen Triebe des überaus schädlichen und riesenhaften Affenbrotbaumes wegknabbern und damit (umweltbewusst) den kleinen Planeten retten! Wollte es jedoch auch noch die zauberhafte Blume fressen, so bräuchte es wohl am Ende einen Maulkorb.

Der kleine Prinz nimmt uns mit auf Entdeckungsreisen in die Region von sechs Asteroiden, je bewohnt von einem König, einem Eitlen, einem Säufer, einem Geschäftsmann, einem Laternenanzünder und einem Geografen. In ihren Eigenheiten findet er sie fast sämtlich lächerlich, weil ihnen der Blick auf das wahre Leben verstellt sei. Auf den Rat des Letztgenannten macht sich der kleine Prinz auf zum Planeten Erde, der zwar einen guten Ruf habe, wo es aber nur so an Königen bis zu Laternenanzündern und erwachsenen Leuten wimmele. Auf die Erde gefallen und in Afrika gelandet, begegnet er der zischenden und mächtigen und zudem todbringenden Schlange. Er entdeckt eine einsame Wüstenblume und das hohle Echo der Berge. Er gelangt in einen Rosengarten, in dem sich fünftausend Rosen gleichen wie ein Ei dem anderen. Als ihm bewusst wird, dass er auf B 612 nur eine einzige gewöhnliche Blume besitze und drei kniehohe Vulkane, wirft er sich ob seiner Bedeutungslosigkeit weinend ins Gras.
Auf der Suche nach Menschen begegnet er einem ungezähmten Fuchs, der ihn bittet, ihn zu zähmen -

jedoch nonverbal, weil die Sprache Quelle aller Missverständnisse sei. Der Fuchs möchte des kleinen Prinzen Freund werden, wissend, dass man nur Dinge wirklich kenne, die man zähme.

Und plötzlich begreift der kleine Prinz, dass seine Rose, von ihm gezogen und geschützt, gehegt und gepflegt, einzig in der Welt sei – niemals zu vergleichen mit jenem namenlosen Rosenfeld. Mit ihr habe er sich vertraut gemacht durch die Zeit, die er für sie verloren habe. Zeitlebens werde er für sie verantwortlich sein – zeitlebens.

Beim Abschied verrät ihm der Fuchs (s)ein Geheimnis: *„Man sieht nur mit dem Herzen gut. Das Wesentliche ist für die Augen unsichtbar.“*

Das Herz - Sitz der Empfindungen?
Das Herz - Ausgangspunkt unserer Gedanken, prägende Kraft unseres Wesens?
Das Herz - Ort unseres Gewissens?

Bei seinen Wanderungen auf dem Planeten erfährt der kleine Prinz von der steten Unzufriedenheit der Menschen und ihrer ständigen Schaffenshast.

Am sechsten Tag nach seiner Flugzeugpanne machen sich unser Erzähler und sein Freund auf den Weg um Brunnenwasser zu finden. Der kleine Prinz bemerkt, dass Wasser auch gut sei für das Herz.

Das Herz – Zentralorgan unseres leiblichen Lebens?

Das Herz – lebensfähig erst durch Speise und Trank?

Als der kleine Prinz einschläft, trägt der Erzähler dieses zerbrechliche Wesen – anrührend in seiner Treue zu einer Blume – durch die Wüstennacht, bis er bei Tagesanbruch einen Brunnen entdeckt. Der Genuss dieses Wassers, erkämpft durch den Marsch unter Sternen, wird zum Fest, herzerfrischend wie ein weihnachtliches Geschenk. Das, was Menschen suchten, ließe sich in einer einzigen Rose finden oder in einem bisschen Wasser – sofern man mit dem Herzen suche, seien doch auch die Augen blind.

Nach Ablauf eines Jahres Erdaufenthalt deutet der kleine Prinz seine notwendige Rückkehr nach Hause an – ausgerüstet mit Schaf und Kiste und Malkorb. Sein Lachen würde nicht verstummen, vielmehr würden dem Erzähler alle Sterne entgegenlachen, da er doch auf einem von ihnen wohne. Im letzten Augenblick des Abschieds weint er, der kleine Prinz, bis etwas wie ein Blitz seinen Knöchel trifft und er sachte in den Sand fällt. Nichts von ihm wird am Ende zurückbleiben…

Der Erzähler kehrt zu seiner Truppe zurück und damit endet die Rahmenhandlung.

Antoine de Saint-Exupéry, der Autor, wird von seinem Aufklärungsflug am 31.07.1944 nicht mehr zurückkommen.

Nach der Bibel und dem Koran, so erfahren wir, sei *„Der kleine Prinz"* das am häufigsten übersetzte Buch der Welt. Nichts ist von dem kleinen Prinzen zurückgeblieben. Nichts?

Wenn wir die Begriffe „Schaf" und „Blume", „Affenbrotbaum" und „Schlange", „Herz" und "Lachen" mit den Augen des kleinen Prinzen betrachten, dann ist er uns vertraut geworden und in uns.
Nüchtern betrachtet, ist er eine erfundene Gestalt, fiktiv, erdacht, Teil der Population der Märchen- und Fabelwelt.
Unser Leben ist jedoch mehr als Realismus pur; es wäre ärmer ohne Poesie und unwirklicher ohne Mysterium.
Was wäre unser tägliches Grau ohne die Farbe von Fantasie und Illusion?

(J.H., Mariendorfer Gemeindebrief 02/2004; bearbeitet 2021)

Licht in der Nacht und Wasser in der Wüste

Nachdem ich meinen Aufsatz über den *Kleinen Prinzen* beendet hatte, fiel mir ein Buch des Psychotherapeuten und Theologen *Eugen Drewermann* in die Hände, in dem er *Saint-Exupérys* Erzählung tiefenpsychologisch deutet.

Der Sternenhimmel Saint-Exupérys sei nicht gleichzusetzen mit dem *Himmel der Gläubigen*, setze der Kleine Prinz doch sein Leben auf einem der Planeten fort ohne in den Himmel einzugehen.

Müssen wir, Du und ich, nach unserm irdischen Tod auf dem Planeten Erde verharren oder wollen wir in den Himmel der Gläubigen eingehen?

*

Vor mir liegt der *Vorsorge-Ordner* eines hiesigen Bestattungsunternehmens, in dem ich für meine spätere Beerdigung angekreuzt habe, ob ich einen Pfarrer wünsche oder einen weltlichen Redner.
Stellen wir uns vor, wir wären selbst ein weltlicher Trauerredner und würden aus dieser Tätigkeit unseren Broterwerb ziehen. Eine gewisse Redegabe vorausgesetzt, würden wir als Hintergrundgerüst für unseren Nachruf sicherlich eine Minimalchronik des Zeitgeschehens bereithalten. Je nach dem Lebensalter des Verstorbenen kämen darin vermutlich Kerndaten wie 1945 (Ende des zweiten Weltkrieges), 1961 (Mauerbau), 1989 (Wende) und 2020 (Corona) vor.
Diese historischen Hintergrunddaten gehören zum Gerüst unser aller Leben, wir sind ihnen ausgeliefert gewesen ohne ihnen entrinnen oder sie beeinflussen zu können. Bei der Ausmalung einzelner Daten würden sich die Zuhörer daran erinnern, einander zunicken und bestätigend murmeln: „Ja, so war's; so habe ich's auch erlebt".

Allerdings würden wir in diesen Zeitstrahl auch noch die individuellen Lebensdaten des Verstorbenen einflechten.

Wäre die Summe all dieser Daten schon eine Freikarte zum Einlass in den Himmel der Gläubigen?

*

Unsere Lebensläufe folgen irgendwie ähnlichen, weil natürlichen Mustern: Wir wurden geboren (logisch!) als Kinder zweier Eltern (biologisches Gesetz!) und (hoffentlich) gewünscht, geliebt, gehegt, (vielleicht) getauft und (vielleicht) konfirmiert.
Die Älteren haben noch in Ruinen gespielt, die Jüngeren in der Eltern-Kind-Gruppe oder im Kindergarten und dann kam die Einschulung. Wir alle haben unserer Schulpflicht genügt, indem wir Grund- und Oberschulen mindestens 10 Jahre lang besucht und Abschlüsse erlangt haben. Danach begannen Lehre oder Studium. Einige von uns mögen Zusatzqualifikationen erworben haben. Nach unterschiedlichen Formen der Berufsvorbereitung folgte dann die Zeit der Erwerbstätigkeit bis zum Rentenalter.
Im sozialen Schichtengefüge würden sich viele von uns entsprechend ihres Bildungsstandes und Einkommens vermutlich am liebsten irgendwo im Mittelfeld verorten.
Es würde mich nicht wundern, wenn insbesondere jüngere Menschen als besondere Highlights ihres

Lebens *Schlafen, Telefonieren, Party-* oder *Discobesuche,* das *Fitness-Studio* oder *Surfen im Internet* nennen würden.

Wenn wir dem kollektiv erlebten Grundgeschehen ebendiese individuellen Daten hinzufügen, haben wir bereits den Rahmen einer präsentablen Biografie, die wiederum jeder Leser oder Zuhörer nachvollziehen könnte.
Es fehlt nur noch der Familienstand, aber dieser ließe sich in den Vordrucken der Einkommensteuer-Erklärung wahrheitsgemäß ankreuzen.
Wenn uns auch keine Weltumseglung gelungen ist, so sind wir sicherlich regelmäßig und gern auf Reisen gegangen.

Ob uns der Himmel der Gläubigen in neue Welten führen würde?

*

Nach dem bisher Gesagten mag es uns vorkommen, als verlaufe unser Leben in irgendwie vorgegebenen Bahnen; manchmal als banal empfunden, manchmal spannungsgeladen; teils eigengesteuert, viel öfter noch fremdbestimmt.
Vergessen haben wir noch die menschlichen Triebe und Bedürfnisse, aber können wir in diesen Bereichen auf Überraschungen zählen?
Überall entdecken wir Parallelen zu anderen Schicksalen und Lebensläufen, ein Tatbestand, der uns nur wenig originell erscheint.

Der Philosoph *Eduard Spranger* sprach einst von den Grundphänomen menschlichen Daseins, die für uns alle gleichermaßen gelten und unser Denken, Sagen und Handeln bestimmen und somit für die Anderen erst verstehbar machen.

Ob uns der Himmel der Gläubigen von weltlichen Fesseln befreien würde?

*

Bei der Trauerfeier für einen meiner verstorbenen früheren Klassenkameraden wurde dieser mit den Worten zitiert, er habe „ein schönes Leben" geführt.

Was nun hebt unser Leben von dem Alltagsgrau ab und gibt ihm so viel Farbe, dass es von Tag zu Tag und im Gesamtverlauf als *schön* empfunden werden kann?
Ist es der Genuss von Freiheit(en)?
Ist es die Gewissheit, dass uns das soziale Netz unserer Gesellschaft schon halten wird?
Ist es der erlebte Friedenszustand ohne äußere Bedrohung?
Ist es die „Abwesenheit" von Naturkatastrophen und Bürgerkriegen?
Haben wir mit anderen Menschen teilen können und sind dabei reicher geworden?
Haben uns Musik und schöne Künste in höhere Sphären entführt?
Waren es Tränen der Rührung und der Freude?
Konnten wir uns beweisen und nützlich machen?

Hat sich jemand über unseren Besuch gefreut, jemand, um den sich sonst keiner kümmerte?
Konnten wir uns an eine Schulter lehnen und Trost finden?
War es der langersehnte ungestörte Schlaf in der Nacht?
Haben wir unserer Krankheit die Stirn geboten und neue Hoffnung geschöpft?
War es die Gewissheit, geliebt zu werden und Liebe zu schenken?

Fragen über Fragen…

*

Sagen wir es folgendermaßen:

Unser Leben wird von Bedingungsfaktoren geprägt, die, unterschiedlich miteinander kombiniert, ein buntes Kaleidoskop ergeben und – unsere positive Grundeinstellung zum Leben vorausgesetzt - dieses als schön erscheinen lassen können.

Wir leben einfach. Leben kann sich lohnen. Wir hüten unsere guten Erfahrungen und positiven Erinnerungen wie einen Schatz und empfinden Dankbarkeit, wobei wir uns der Endlichkeit unseres Daseins hoffentlich bewusst sind.
Unser Leben endet genauso, wie der letzte Vorhang fällt – oder?

Dabei war vom Himmel der Gläubigen noch gar keine Rede.

Ob dieser Himmel einen Unterschied macht?
Ob es sich darüber nachzudenken lohnt?
Ansichtssache.

Könnte es nicht sein, dass, wenn wir nach dem Himmel der Gläubigen Ausschau halten und ihn fantasievoll in unser Leben herabholen, uns das Licht in der Nacht leuchtet und wir das Wasser in der Wüste bereits hier gefunden haben – schon jetzt?

(J.H., 03/2004 Mariendorfer Gemeindebrief; neu bearbeitet 03/2023)

Wie gut kann man mit den Augen sehen?

Irgendwann vor der Wende 1989 sagte ich zu meiner Frau, dass, wenn die Mauer eines Tages fiele, …aber ach, …sie würde ja doch nicht fallen, …aber nähmen wir einmal an, dass sie…, ja dann würde ich einmal im weiten Bogen (und ohne Passierschein) um Berlin herum wandern und gemeinsam wäre für uns eine große Deutschland-Reise in den Osten unseres Landes fällig.
Ersteren Wunsch habe ich mir in den 90er Jahren im Alleingang erfüllt und gemeinsam haben wir das Osterzgebirge, das Elbsandsteingebirge, den

Ostharz die Insel Rügen und das Schlaubetal und…und…mit dem Regionalzug und mit dem Auto erkundet.

Als im Sommer 2006 im Gemeindeblatt Mariendorf die besorgte Frage gestellt wurde, wie es nach dem Weggang eines Pfarrers um den Fortbestand der Kultur- und Wandergruppe bestellt sei, habe ich mich spontan dazu bereit erklärt, nach meiner anstehenden Pensionierung beide Gruppen ab September 2006 weiterzuführen.

Unsere erste Wanderung am 07.09.2006 sollte uns eigentlich vom *S-Bahnhof Griebnitzsee* zum *Potsdamer Hauptbahnhof* führen, wo wir aber nie ankamen, weil dort eine Fliegerbombe entschärft wurde, was uns zu einer Routenänderung in Richtung *Glienicker Brücke* zwang.

Die erste Unternehmung unserer Kulturgruppe am 21.09.2006 war ein Stadtspaziergang auf den Spuren klassizistischer Bauelemente, die unsere Augen zwischen der *Französischen Straße* und dem *Deutschen Museum* beschäftigten.

Für unsere Wandergruppe habe ich bis heute gerne Routen in Kombination mit Wald und Wasser ausgesucht, Wegstrecken, die unsere Augen besonders erfreuen.
Wir haben über die Jahre die Umgebung sämtlicher S-Bahn-Endstationen erkundet und können auch über Flussläufe wie die *Havel* und die *Spree*, die *Wuhle* und die *Panke*, die *Erpe* und die *Briese*

sowie die *Nuthe* und mehrere Kanäle und Seenketten mitreden. Es waren keine reißerischen oder spektakulären Reiseziele, aber es war unsere engere Umgebung in Berlin und im Bundesland Brandenburg, soweit das Auge reicht. Abgesehen von Abstechern nach *Stettin* und *Frankfurt/Oder* haben wir uns bis auf Ausflüge ins Umland meist im ABC-Tarifgebiet bewegt.

Gelegentlich sind Eintrittsgelder oder anteilige Führungsgebühren angefallen, aber am teuersten ist bisher am Ende stets die individuelle Rechnung für Speis und Trank im (vorzugsweise preiswerten) Restaurant oder Gasthof geworden.

Anfangs nahmen an unserer Kulturgruppe etwa zehn Personen teil. In der Wandergruppe waren wir ungefähr doppelt so stark. (Der Rekord lag bei einer Wanderung bei 34 Personen, aber so erfreulich diese hohe Teilnehmerzahl auch war, so ist es doch schwer, die Übersicht zu bewahren.) Unsere Veranstaltungen haben bisher stets donnerstags stattgefunden und unser Treffpunkt war in aller Regel um 09.00 Uhr am U-Bahnhof Alt-Mariendorf. Teilnehmer aus verschiedenen Teilen Berlins haben jeweils größere Anfahrtswege in Kauf genommen.

Wir versuchen als Gemeinschaft Unbekanntes zu entdecken oder Bekanntes neu zu sehen, unser Wissen zu vertiefen und neue Einsichten zu gewinnen.

Besonderes behaglich wird für gewöhnlich unser „Schluss", wenn wir, angenehm erschöpft, am Ende

einkehren, gemeinsam essen und trinken und auch hier miteinander plaudern.
Hat es je untereinander Streit gegeben?
Haben wir je über Krankheiten und Arztbesuche geklagt?

Ich glaube, wir sind achtsam miteinander umgegangen.

Es waren oft scheinbare Nebensächlichkeiten, die uns unterwegs gefallen haben: als Senioren auf einem Kinderspielplatz zu schaukeln; mit aufgekrempelten Hosenbeinen in einem der Seen zu staksen; auf Plastikstühlen im Garten des *Buddhistischen Hauses* in Frohnau in trauter Runde dem herannahenden Gewitter „zu trotzen".
Wir haben gemeinsam über die herrlichsten Allerweltsdinge gelacht, uns in Gespräche vertieft, für einander Zeit gehabt, uns gegenseitig ein Stück des Weges begleitet, mit unseren Augen geschaut und - gestaunt.

Manchmal war mir ein wenig mulmig zumute, wenn ich so ganz allein unsere Waldwanderungen vorbereitet habe, weil ich gelegentlich über Baumwurzeln gestolpert bin, sobald meine anfängliche Konzentration nachließ. Als ich dies meinen beiden Kindern erzählte, schenkten sie mir ein „Notfallhandy". Dies war (mit reichlicher Verspätung) mein persönlicher Einstieg ins moderne Digital-Zeitalter.

Während ich diesen Bericht (im März 2023) neu schreibe, können wir auf 326 durchgeführte Veranstaltungen zurückblicken, von denen immer noch keine einzige ausgefallen ist. Natürlich mussten unsere Teilnehmerlisten des Öfteren aktualisiert werden, sind wir doch von Anfang an eine Seniorengruppe. Vor einiger Zeit haben wir die durchschnittliche Dauer unserer Wanderungen auf zwei Stunden begrenzt. *Corona* hat uns zwar zu Zwangspausen **ge**zwungen, aber glücklicherweise nicht **be**zwungen. Unsere Neugier wird uns weiterhin die Augen öffnen!

(J.H., Mariendorfer Gemeindebrief 01/2008; b. 03/2023)

Zur Geburt unseres Enkels

Ach, kleiner *Patrick*, sei gegrüßt!
Aus Deiner Ankunft Hoffnung sprießt,

Dass es nun geh' bergauf
Mit uns – und dass so im Verlauf

Von gar nicht allzu langer Zeit
Dein Kinderlachen weit und breit

Erschalle und uns stecke an,
Uns mutig mache, dann und wann,

Die Welt zu schau`n mit wachem Blick
Nach vorn gerichtet – nicht zurück;

Die alten Dinge neu zu seh´n
Und stets versuchen zu versteh´n,

Wie hier auf Erden, das ist klar,
Gestaltet sich viel wunderbar,

Wie´s scheint, von selbst - und nicht gelenkt
Von Himmels Hand, die alles schenkt.

Sie mag Dich väterlich begleiten,
Mag Wege Dir zum Ziel bereiten.

Wir werden dabei mit Dir sein,
Dir helfen, der Du bist so klein
Brauchst Hilfe noch von starken Händen,
Die Böses hin zum Guten wenden,

Die Dich erziehen, die Dich stützen,
Die schützen Dich und die Dir nützen;

Die eines Tag´s Dich lassen los,
Wenn Du erst stark bist und selbst groß!

Doch etwas wird nie hören auf:
Die Liebe ist´s, da wett´ ich drauf!

Wir lieben Dich – Du bist geliebt,
Geliebt bist Du, seit es Dich gibt.

Dein Engel mache sich bereit,
Dich zu behüten – alle Zeit!

(J.H., 08.03.2003, überarbeitet 03/2023)

Hurra, wir sind volljährig!

Im Bürgerlichen Gesetzbuch (BGB § 1) wird festgeschrieben, dass die *Rechtsfähigkeit* des Menschen mit der Vollendung der Geburt beginne.
Das junge Menschenkind ist von Anfang an Träger von Rechten und Pflichten.
Es hat zum Beispiel das *Recht auf Bildung* und zugleich die Schulpflicht zu erfüllen.

Im Bürgerlichen Gesetzbuch (BGB § 2) erfahren wir, dass die *Volljährigkeit* in der Bundesrepublik Deutschland mit der Vollendung des 18. Lebensjahres erlangt werde. Die volljährige Person wird voll geschäftsfähig und erhält zugleich das passive sowie das aktive Wahlrecht sowohl auf Kommunal- als auch auf Bundesebene.
Der 18jährige Führerscheinbesitzer darf nun zum Beispiel ohne Begleitung und selbständig Auto fahren.

Erst die volljährige Person erlangt die **Geschäftsfähigkeit** und bedarf nun keines gesetzlichen Vertreters mehr.

Der Verfasser dieses Textes, Jahrgang 1941, wurde damals erst mit dem vollendeten 21. Lebensjahr volljährig und für ihn änderte sich im täglichen Leben zunächst einmal buchstäblich - nichts.

*

Im Jahre 1973 fragte ich meinen ersten mehr oder weniger volljährigen Abiturienten-Jahrgang der Klasse 13m der Werner-von-Siemens-Oberschule (Gymnasium) in Nikolassee (ich glaube, es waren drei junge Damen und elf junge Herren), ob sie mir ihre mittelfristigen Lebensplanungen verraten würden.
So erfuhr ich zunächst einmal etwas über die Zukunftsperspektiven meiner männlichen Schüler:

Sie alle erhofften sich eine gesicherte berufliche Position, ein Haus mit Garten, zwei Kinder und eine Frau der Sonderklasse.
(Die Schülerinnen hingegen dürften sich ebenso einen smarten Lebenspartner mit allen nur denkbaren Vorzügen gewünscht haben.)

Also ein Leben ohne Arbeitslosigkeit und ohne befristete Arbeitsverträge!
An ein Leben im eigenen Haus auf einem weiträumigen Gartengrundstück waren wohl die

meisten von ihnen im dortigen Wohnbezirk gewöhnt.

Das Schicksal eines Einzelkindes erschien ihnen bedauernswert, drei Kinder wiederum waren ihnen zu viel!

Nun, jeder von uns kann sich ausmalen, wie in ihren Augen eine Klassefrau wohl hätte beschaffen sein müssen.

*

Einige Jahre später postierten sich Schüler der Mittelstufe im Rahmen ihres Religionsunterrichtes vorne an der Spanischen Allee und befragten auftragsgemäß vorbeikommende (längst volljährige) Passanten nach deren Wünschen an das Leben.

Einigermaßen erstaunt berichteten sie mir, dass ihre Interviewpartner sich Frieden wünschten und Gesundheit und dass ihre Ehehälfte noch lange lebe.

*

Da sich mein erster Abiturjahrgang alle fünf Jahre zu treffen pflegt(e), muss die letzte Zusammenkunft im Jahre 2018 stattgefunden haben. Einige von ihnen befanden sich bereits im Ruhestand oder kurz davor.

Ich war im Restaurant *Loretta* in Wannsee dabei.

Von meinen ursprünglich elf männlichen Schülern waren noch acht am Leben. Nur einige von ihnen waren gekommen und ich hatte den Eindruck, dass ihre berufliche Erfolgsskala vom Empfänger der

Grundsicherung bis hin zum Universitätsprofessor reichte.

Einige lebten noch immer in Zehlendorf, andere hatte es „nach draußen" verschlagen.

Nach der Realisierung ihrer übrigen Wünsche von 1973 habe ich sie nicht gefragt. Dazu hatte ich meiner Meinung nach kein Recht und mir genügte es, was sie von sich aus bereitwillig erzählten; aber es wurde klar, dass zwischen den Zielen und Wünschen der Jugendzeit und ihrer Erfüllung hin zum Alter mitunter Lücken klaffen können, weil sich unser Leben eben im Voraus nicht berechnen lässt und selten wunschgemäß verläuft.

Das Glück breitet sich erfahrungsgemäß nicht wie ein geschlossener Teppichboden unter unseren Füßen aus; aber vielleicht genügt es schon, wenn wir einige Glücksmomente erhaschen und uns an ihnen erfreuen können.

*

Was haben meine Gedanken mit dem Erreichen der Volljährigkeit zu tun?

Na ja, wer als frischgebackener Volljähriger mit achtzehn sagt „Nun geht es los!" vergisst, dass er bereits seit achtzehn Jahren unterwegs ist und in seinem jungen Leben schon so einiges erreicht, erfahren. eingesteckt und verkraftet hat.

Unsere Ziele und Wünsche ändern sich nicht pünktlich um Mitternacht!

Ebenso wenig wie unsere Lebenssituation.

Wir können einen Augenblick innehalten, ganz still werden und Dankbarkeit empfinden für die Liebe, die uns die Anderen gegeben haben und für ihren Geleitschutz.

Wenn ich unseren nunmehr Volljährigen etwas wünschen dürfte so würde ich Euch erstens zurufen, dass Ihr es nie verlernen mögt, zu *staunen* und zu *fragen,* weil dies die Grundlage aller Wissenschaft ist.
Und zweitens, dass Ihr nie aufhört zu träumen, Euch Ziele zu setzen und Wünsche zu haben.
Und drittens, dass ihr gesund bleibt und - vor allem – fröhlich und zufrieden!

(J.H. 11.11.2021, Gina Maria und Patrick zugeeignet; b. 03/2023)

Fragen und Aufgaben, die uns das Leben stellt

Wie oft habe ich mit meinen Schülern die *Love Story* von *Erich Segal* gelesen?
Wie oft habe ich voller Rührung den gleichnamigen Film gesehen?

Der Protagonist, *Oliver Barret IV*, Jurastudent an der Harvard-Universität und Sohn steinreicher Eltern, begegnet *Jennifer Cavilleri*, einer armen Musikstudentin italienischer Herkunft, die er gegen den entschiedenen Widerstand vor allem seines Vaters jung an Jahren heiratet und frühzeitig verliert, da sie mit fünfundzwanzig an Leukämie stirbt.

Dies ist die Kurzfassung des oben genannten Kultromans, der Anfang der 70er Jahre erschien.

An einer Stelle bemerkt Jennifer, sie hieße gern *Wendy Wasp.*

Wasp steht für „White Anglo-Saxon Protestant".

Aus ihrer Haut müsste sie schlüpfen können.

Britischer Herkunft und protestantisch müsste sie sein; denn dann ginge für sie an der amerikanischen Ostküste alles viel einfacher, weil sie dann angepasst und eingepasst und akzeptiert wäre.

Ach, könnten wir doch gelegentlich die Rollen tauschen!

Ach, hätten wir doch gelegentlich eine andere Lebensperspektive!

Oder?

*

Nun zum Autor *dieser* Zeilen. Nun zu mir!

Auf meinen Zeugnisköpfen der Realschule war anfangs von meiner Schüchternheit die Rede, verbunden mit der Aufforderung, ich müsse stärker aus mir herausgehen.

Ich sollte also schon damals über meinen eigenen Schatten springen!

Ich, der ich nie ein Gipfelstürmer war und immer noch kein Barrikadenkämpfer bin!

Nach meiner Schulzeit ging ich zwei Berufen nach, war nie arbeitslos, wurde nach der evangelischen Taufe und Konfirmation 1968 kirchlich getraut, habe zwei gesunde Kinder mit großgezogen, bin im alten West-Berlin aufgewachsen und dort stets geblieben.

Ich wandere voller Leidenschaft, musiziere, bin im Urlaub oft Rad gefahren, zeichne, lese, schreibe, koche und schwimme gern. Von echter Krankheit oder materieller Not konnte bei mir in den vergangenen acht Jahrzehnten kaum die Rede sein. Alles im Griff!

Ich bin's zufrieden.

Hätte ich, abgesehen von der langen Krankheit und dem qualvollen Tod meiner geliebten Frau im Jahre 2019, ein Recht zu klagen?

Wie gern hätte ich Jennifer Cavilleri etwas von meinem Lebensglück abgegeben!

*

Seit jeher verschaffen uns allein schon die ersten drei Seiten einer Tageszeitung einen täglichen Überblick über unsere Welt mit ihren chronischen Gefahren und Katastrophen, den Grausamkeiten, den Ungerechtigkeiten und der Not.

Da geht es dann um Flutkatastrophen, um Erdbeben oder Vulkanausbrüche.

Es geht um Kriege, Menschen auf der Flucht, tödliche Familienfehden, tückische Krankheiten, um

Pandemien, Rassismus, Sexismus, Treue sowie Untreue und Armut neben Reichtum im Überdruss.
Habe ich ein Stichwort vergessen?
Negativschlagzeilen verkaufen sich übrigens besser als positive Meldungen!

„Ach," würde Jennifer Cavilleri vermutlich heute sagen, „hat sich diese Welt seit meinem Tod überhaupt nicht verändert? Wäre sie doch bloß unkomplizierter, wären wir als Individuen und im Kollektiv doch pflegeleichter!"

*

Wir leben in dieser einzigen und einzigartigen Welt.
Ich bin, wie ich bin.
Du bist, wie Du bist.
Wir sind, wie wir sind.
Sollten wir uns über all die großen Probleme und den täglichen Kleinkram beständig grämen – nacheinander, zugleich oder am besten gar nicht?
Ist es angebracht, alles aus unserem eigenen Blickwinkel zu betrachten oder wäre ein Perspektivwechsel angesagt?

Sollten wir ab und an versuchen in andere Rollen zu schlüpfen, wie es Jennifer Cavilleri wohl am liebsten getan hätte?

*

Sehr lebhaft erinnere ich mich an meine Kurse im Fach *Politische Weltkunde* an meiner damaligen

Stammschule. Dort ging es schon vor Jahrzehnten thematisch regelmäßig auch um die Entwicklungsländer, deren Schicksal wir, lässig in unsere Stühle zurückgelehnt und wohlgenährt bei angenehmen Raumtemperaturen in unseren Unterrichtszimmern, unter die Lupe nahmen. Da ging es damals schon um Armutswanderungen und Flüchtlingsbewegungen Richtung Norden und Westen auf unserem Globus.

Am liebsten wäre es uns gewesen, hätte es schon seinerzeit keinen Ansturm auf die „Festung Europa" und insbesondere auf die Bundesrepublik Deutschland gegeben.

Nur keine Gequälten, Erniedrigten, Verzweifelten, Gestrandeten, Ertrunkenen, Verdursteten!

Keine Überlebenden und Hoffnungsvollen, die zu uns wollten!

Wären wir damals wie heute innerlich überhaupt bereit gewesen, jene Menschen willig aufzunehmen, die an unsere Türen klopften?

Jene, die unsere Sozialsysteme belasteten und die Zusammensetzung der Bevölkerung durcheinander wirbelten?

Ach; wären die Umstände doch anders gewesen als sie waren!

Ach, weshalb stellte uns das Leben unbarmherzig vor Fragen und Aufgaben, die wir uns nicht ausgesucht hatten?

Wenn es ein *Friedenskorps für Senioren* gegeben hätte, wäre ich robust genug und überdies auch risikobereit gewesen um mich auf den Weg in die Unwirtlichkeit zu machen?

Hätte ich mich mit starkem Sendungsbewusstsein von meinen liebgewordenen Lebensumständen losreißen können?

Ich, der weiße und europäische und christlich geprägte und saturierte Bewohner des urgemütlichen Elfenbeinturms?

Ich, der Normalbürger ohne Kenntnisse von Brunnenbau und Landwirtschaft und Viehzucht?

„Immerhin konntest Du doch Englisch sprechen und hättest diese Sprache vermitteln können", hätte Jennifer mir vielleicht gesagt.

*

Am liebsten wäre es uns sicherlich bis zum heutigen Tag, wenn in allen Problemzonen dieser Welt Lebensbedingungen herrschten, die die dortige Bevölkerung in ihrer Heimat festhielten.

Ein Leben ohne tödliche Tretminen aus fremden Rüstungskammern!

Junge Menschen fragen sich und uns nach der Zukunft, nach dem Morgen. Sie wünschen sich eine Welt, die ihnen keine Angst macht, weil sie weniger gefährlich, grausam, ungerecht und ungewiss wäre.

Allerdings ginge es dabei nicht so ganz ohne Perspektivwechsel und die Bereitschaft, das Leben der Anderen aus deren Augen zu sehen.

Es müssten dabei ja keine sozialen Rollen getauscht werden und unserer eigenen

Zufriedenheit würde vermutlich gar kein Abbruch getan werden. Ganz im Gegenteil!

Wir müssten nicht einmal teilen – wir bräuchten nur etwas abzugeben, so lange, bis die Richtung stimmt.

„Wisst Ihr," würde Jennifer Cavilleri vielleicht sagen, „wir kommen um die Lehren der Bergpredigt einfach nicht herum!"

*

Jennifer stirbt nach einer verheerenden Diagnose in noch jungen Jahren unerwartet schnell.

Ihr Glücksrad bleibt stehen. Ihre Lebensuhr hört auf zu ticken.

Keine Medizin kann ihr helfen.

Alles, was ihr einst bedeutsam war, verliert an Wichtigkeit.

Ihre Liebe zu Oliver und ihre gemeinsamen Träume finden ein jähes Ende.

Schicksale kippen um.

Schicksale kippen schnell um.

Menschliche Schicksale sind zwar nicht austauschbar, aber sie erheischen unsere Anteilnahme, zumal sie auch so oder so ähnlich uns selbst treffen könnten.

Vielleicht lassen sich künftig mit erprobter Medizin und reichhaltigerer Nahrung und fairen Handelsbedingungen Nöte und Konflikte entschärfen und Gefahren (auch für jeden von uns) abwenden und mit professioneller Hilfe in Brot für die Welt umgewandelt werden.

Jennifer hätte zu Lebzeiten diese Aufgabe des gemeinsamen Brotbrechens sicherlich bereitwillig mit uns geteilt.

(J.H. Mariendorfer Gemeindebrief 1/2006; neu bearbeitet 03/2023)

Jakob Johannes

Wie sind wir alle tief beglückt,
Dass Du das Licht der Welt erblickt!

Wir sind erfreut – nicht ohne Grund,
Wir hörten doch: Ihr seid gesund.

Du bist so klein und doch komplett,
Wie riesengroß wirkt noch Dein Bett!

Du bist, was wir nun nicht mehr sind:

In Dir – dem *Löwen* – steckt das Kind,

Das weinen darf und schuldlos lacht

Und alle damit fröhlich macht.

Doch niemand weiß, ob unsre Welt
Das ist, was Du Dir vorgestellt,

Gibt es doch Menschen, arm und reich,
Und keiner ist dem andern gleich!

Da gibt es Not und Krieg und Hass
Und Hoffnung bricht so schnell wie Glas.

Es nützt kein Jammern und kein Zagen.
Lass uns das Leben einfach wagen!

Vor Dir liegt Deine Zukunft weit;
Doch jedes Ding braucht seine Zeit.

Wirst Deinen Weg entschlossen geh´n
Und fest zu Deinen Zielen steh´n.

Genieß´ Dein Leben frei von Sorgen,
Im Schutz des Ewigen geborgen;

Denn Deine Engel steh´n bereit,
Dich zu begleiten alle Zeit.

Ein jeder sagt:

Ich hab´Dich lieb,
Wie schön, dass es den Jakob gibt!

(J.H. 08/2003, überarbeitet 03/202)

Erziehungswerte

I

Ende der pädagogischen Diskussion oder
Diskussion ohne Ende?

Die früheren Abiturienten meines Leistungskurses *Geschichte* habe ich irgendwann vor dem Jahre 2000 spontan über Grundwerte gefragt, die sie zu Zielpunkten der Erziehung ihrer eigenen Kinder machen würden. Zum Nachdenken hatten sie *eine* Minute Zeit. Am Ende sah unser Tafelbild ungefähr wie folgt aus:

Erziehungswerte heute
Der junge Mensch soll erwerben

- Kritikfähigkeit
- Selbständigkeit
- Durchsetzungsvermögen
- Entscheidungsfähigkeit
- Verantwortungsbewusstsein
- Wertvorstellungen und ethisch-moralische Normen
- Einsicht in Rechte und Pflichten
- Toleranz und Weltoffenheit
- Qualifikationen in Bezug auf Wissen, Können und Urteilen

Sie/Er sollte fähig sein

- mit Geld umzugehen
- Konflikte zu lösen
- sich sozial zu verhalten
- Traditionen zu pflegen
- sich zu binden und loszulassen
- für andere Menschen ein Vorbild zu sein

Dieser Katalog von Zielvorstellungen konnte und kann natürlich keinen Anspruch auf Vollständigkeit erheben. Lange müssten wir beispielsweise suchen, ob nicht wenigstens *eine* der christlichen Kardinaltugenden irgendwo versteckt sein könnte. Aber immerhin – nach nur *einer* Minute…

*

In einem Tagesspiegel-Beitrag (vom 13.04.2000) wirft der Erziehungswissenschaftler *Dieter Lenzen* unserem Schulsystem vor, es lehre Detailwissen, sogenanntes „träges Wissen". Vorwiegend *alte* Lehrer lehrten nach *veralteten* Lehrplänen, nach *veralteten* Vorstellungen ohne den notwendigen Blick auf moderne Schlüsselqualifikationen zu richten, die da wären:

Belastungsfähigkeit, Eigeninitiative, Kreativität, Frustrationstoleranz.

(Ja, das gilt für alle Lehrenden, die ihre Lehrtätigkeit tapfer jahrzehntelang ausüben – übrigens auch für Universitätsprofessoren!)

Die Schule habe den Anschluss verschlafen an die neuen Informationstechnologien, insbesondere, was Multimedia-Anwendungen im Unterricht betreffe. Er favorisiere das computergesteuerte individuelle Lernen; um Rechtschreibung primär ginge es gar nicht. (Ach, nein?)

Ich erinnere mich lebhaft daran, dass die Wirtschaft seit Jahren wehklagt, dass es mit der Beherrschung von Rechtschreibung und Grundrechenarten bei den heutigen Schülern (also vor dem Jahre 2000) nicht weit her sei. Und heute?

*

Liebesbriefe mit orthografischen Fehlern?
Macht nichts! Hauptsache, sie sind kreativ oder wir schreiben erst gar keine!

An der computergesteuerten Ladenkasse fällt der Strom aus?
Nicht so schlimm, heute ist alles gratis!

Eine Anekdote gefällig?

Ein früherer Kollege ließ sich von unserem Gymnasium draußen in Nikolassee auf ein Oberstufenzentrum mit landwirtschaftlichem Schwerpunkt befördern. Er habe seine dortigen Schüller gefragt:
„Wenn ich auf *einem* Quadratmeter acht Pflanzen benötige, wie viele Setzlinge brauche ich dann auf *acht* Quadratmetern?"

„Da mach'n wa uns ja keenen Kopp. Wia bestell'n einfach janz ville und wat wa nich broochen, jeb'm wa wieda zurück. So einfach is dit!"

*

Wirtschaftsverbände beklagen überdies den Mangel an Teamfähigkeit besonders unter jungen Menschen. (Sind diese Klagen nach nunmehr einem Vierteljahrhundert verstummt?)
Nun, es gibt im Schulalltag durchaus Leistungen, die vorzugsweise in der Gruppe – im Team – erbracht werden: Mannschaftssport, Theaterspiel, Schulchor. Der Zwang zur Einzelbewertung steht jedoch dem Ideal der Teamarbeit und dem Gemeinschaftserlebnis oft genug hinderlich im Wege.

Das Nachdenken über Erziehungsziele und Erziehungsmethoden ist ein Dauerbrenner. Überall, wo wir etwas vermitteln, müssen wir (didaktisch) nach dem *Was* und (methodisch) nach dem *Wie* fragen und dürfen uns dabei nicht vor kritischen und unerwarteten Denkanstößen fürchten.

(J.H., Gemeindebrief Mariendorf-Süd 06/2000; gekürzt und erweitert 03/2023)

Erziehungswerte

II

Im Jahre 1907 erschien in 6. Auflage in München ein *Buch für deutsche Väter und Mütter* (zuerst die Väter und dann erst die Mütter?) mit dem Titel „Wie erziehen wir unseren Sohn Benjamin?" (War Benjamin ein Einzelkind oder hatte er noch eine Schwester, deren Erziehung wir hier übergehen und vernachlässigen können?)

Erstes Ziel sei der **Gehorsam.** Gehorsam sei der Christen Schmuck.
Dann komme der **Ordnungssinn**, da Unordnung Zeitvergeudung sei.
An dritter Stelle stehe die **Pünktlichkeit** als Gewöhnung und Form der Höflichkeit.
Zuletzt werden **Fleiß** und **Selbsttätigkeit** genannt, mit einem Binnenreim als *fröhliches Wagen und mutiges Tragen schwerer Arbeitslast* kernig auf den Punkt gebracht.

In den Zeugnisköpfen *meiner* Generation (*1941) standen übrigens Noten für **Betragen**, **Fleiß** und **Mitarbeit** und dies waren erklärte Erziehungswerte in der Anfangsphase der Bundesrepublik Deutschland.
Wie nahmen sich wohl die Erziehungsziele der *Reformpädagogik* in Weimarer Zeit oder jene des Dritten Reiches aus, geschweige denn jene der DDR?

Natürlich müssen alle Erziehungswerte ständig auf den Prüfstand gestellt („hinterfragt") werden, da sie ja, bezogen auf unterschiedliche politische Systeme, einen je anderen Stellenwert annehmen und pervertiert oder gar ad absurdum geführt werden können.
Begreifen wir uns bitte als Fragende und Suchende!

*

Mit einiger Wehmut erinnere ich mich an die Zeit, als unsere eigenen Kinder zu Beginn der 80er Jahre in eine Eltern-Kind-Gruppe gingen. Vielen Eltern ging es damals darum, dass es ihren Kindern im späteren Leben nicht an **Durchsetzungsvermögen** fehle; sie sollten von ihrer Umwelt ernst genommen (und nicht gemobbt) werden!
Bitte keine Verlierer!

Welche Erziehungswerte verfolgen wir in der (jeweiligen) Gegenwart?

*

In Vorbereitung eines Studientages unseres damaligen Kollegiums (also vor 2006, dem Jahr meiner Pensionierung) habe ich Schüler der 12. Jahrgangsstufe gefragt: „Welche Werte sind Ihnen wichtig?"

Unter den Mehrfachnennungen fanden sich **Vertrauen** (gewähren und genießen), **Ehrlichkeit** und *Gerechtigkeit*. Von den eingangs genannten wilhelminischen Erziehungswerten blieb nur die *Pünktlichkeit* übrig, die die Schüler übrigens mehrfach insbesondere von ihren Lehrern einforderten.

(Ich erinnere mich daran, dass unser Sohn früher nicht dazu zu bewegen war, pünktlich um 08.00 Uhr im Klassenraum zu sitzen, weil nach seinen Erfahrungen kein Lehrer vor 08.03 Uhr zum Unterricht erschien.)

Daneben ging es meinen Schülern auch darum, *akzeptiert* zu werden sowie *Lust* und *Spaß am Leben* zu empfinden.

Freunde und *Familie* waren ihnen wichtig, kurzum, die Teilhabe an menschlicher Nähe und Wärme. Natürlich hatte ich nicht erwartet, dass jemand schreiben würde, ein spezifischer Wert „sei des Christen Schmuck" – aber wenn *Zuverlässigkeit* und *Hilfsbereitschaft, Treue, Zuwendung, Unterstützung* und *Verständnis* für wichtig gehalten wurden, dann sind dies Werte, die allesamt im christlichen Weltbild ihren Platz fänden.

Was „wert"schätzten meine Schüler an ihren Lehrern?

Sie sollten Mut machen und wissen, was Zensurengerechtigkeit heiße; ausdauernd und geduldig sein; eigene Fehler eingestehen können und – Autorität haben ohne autoritär zu sein.

Immer wieder geht es also um Haltungen und Wesensarten.

*

Wer mit Erziehungsaufgaben betraut ist, ob im Kindergarten oder in der Schule, ob als Elternteil oder Pfarrer oder Teamer, ob berufsmäßig oder privat, sollte wohl immer wieder sich selbst erkennen und seinen eigenen Standpunkt bestimmen.

Was sollen, jetzt und heute, die Ziele *unserer* Erziehungsbemühungen sein und wie können diese Ziele im alltäglichen Handeln situationsgerecht umgesetzt werden?
Ob wir mit ihrer Vermittlung nachprüfbar erfolgreich waren, wird einerseits schwer messbar sein und braucht andererseits Geduld und einen langen Atem.

Unsere „Wertekommission", also wir damaligen „Pädagogenprofis", formulierte Erziehungsziele (dreißig an der Zahl), von denen ich nur einige wenige herausgreifen kann, nämlich diejenigen, die am ehesten die soziale Kompetenz berühren.

Wir müssen bereit sein uns gegenseitig wahrzunehmen und im Gespräch aufeinander zuzugehen.
Wir sollten die Anderen ernst nehmen und uns für sie engagieren.
Schenkt ihnen Zeit!
Hört ihnen zu!
Nehmt Rücksicht auf sie!
Stärkt ihren Mut zu sich selbst!

In Dreiergruppen machten wir uns Gedanken über die Umsetzung einiger dieser sozialen Lernziele, von denen ich exemplarisch die *Freundlichkeit* herausgreifen möchte.

*

Mitte der 70er Jahre las ich in der Elternzeitschrift, dass Kinder in erstaunlich hohem Maße die Einstellungen und Verhaltensformen ihrer Eltern übernähmen.
(Wenn dies im positiven Sinne gilt, dann vermutlich leider auch im negativen.)
Dies bedeutet, dass Eltern – und darüber hinaus wohl allen Erziehenden – eine hohe Leitbildfunktion zukommt. Wir machen vor, unsere Kinder ahmen nach.
Natürlich sind *Input* und *Output* nicht kongruent, also keine berechenbaren und gleiche Größen.
Natürlich gibt es keine Garantie dafür, dass meine Anstrengungen zum erhofften Erfolg führen.
Aber wenn wir uns freundliche Kinder wünschen, könnte es sicherlich nicht schaden, in unserer Grundhaltung selbst freundlich zu sein.
Freundlichkeit zeigt sich im Blickkontakt; in der Art und Weise, wie wir andere Menschen (übrigens auch Tiere) ansprechen; in unserer Bereitschaft zum ehrlichen Handschlag.
Jemandem freundlich gegenüberzutreten, heißt: den Schritt verlangsamen, stehenbleiben, Zeit schenken, zuhören, dem Anderen auf gleicher Augenhöhe begegnen, ein humorvolles Wort bereithalten, ein Lächeln schenken.

Freundlich sein - das heißt, jemanden positiv anzunehmen.
Freundlichkeit hebt Entfernungen auf und rückt uns näher zueinander hin.
Freundlichkeit schafft eine Atmosphäre des Wohlwollens.
Freundlichkeit hebt Spannungen in entwaffnender Weise auf, sie bringt das Eis zum Schmelzen.

Ich habe einen freundlichen Menschen vor Augen:
Ich sehe das liebenswerte Strahlen ihrer Augen, die Lachfältchen, ihren lächelnden Mund. Ich höre ihre ruhige Stimme, ihre fragende Anteilnahme.
Sie verströmt Wärme, ich fühle mich wohl.

Ein jeder von uns birgt sicherlich Werte und Ordnungsvorstellungen in seinem Herzen, mitunter sogar in großer Zahl. Es ist fraglich, ob sie alle gleichzeitig abrufbar sind und ob wir sie lediglich stets vor Augen haben sollten.

Was mir an der *Freundlichkeit* besonders gut gefällt: sie ist vermittelbar durch Vormachen und sie ist kostenneutral. Letztlich entspringt sie wohl der höchsten der christlichen Tugenden, nämlich der Liebe.
Erklären wir sie doch zur Tugend des gegenwärtigen Monats und dann auch aller folgenden Jahreszeiten!

(v. 07/2001 im Gemeindeblatt Mariendorf-Süd, bearbeitet 03/2023)

Erziehungswerte

III

„Haben Sie niemals **Angst**?" fragte mich *Julia* mit großen und ernsten Augen, als ich ihre Klasse, die der nahe bevorstehenden Mathematikarbeit entgegenfieberte, besänftigen wollte. „Und ob, Julia, schon mein ganzes Leben lang!"

Vor meinem inneren Auge entstanden vergangene Momente der Angst.
Als ich jung war, in den 50er Jahren, war es nicht etwa die Unerschwinglichkeit von Statussymbolen wie heutzutage Handy oder Smartphone oder Edelklamotten, die mich bedrückte. Es waren auch nicht im Entferntesten die schulischen Anforderungen, die mir Bange gemacht hätten.
Jedoch die Angst, nicht zum inneren Zirkel der Anderen zu gehören, die tat schon weh!

Der Blick in den Spiegel beunruhigte mich:
Würde mich überhaupt jemand leiden, geschweige denn lieben können?
Wann würde mich mein Bürochef dabei ertappen und zur Rede stellen, weshalb ich während der Dienstzeit heimlich Vokabeln und Formeln (für die Vorbereitung meines externen Abendabiturs) lernte?
Würde ich meinen studentischen Ferienjob wiederbekommen?

Würde ich jahrelang auf den Eintritt ins Referendariat warten oder Berlin verlassen müssen?

Würde ich wenigstens beim zweiten Anlauf meine Fahrprüfung bestehen?

Würden unsere Kinder gesund geboren werden und in sicherer Geborgenheit aufwachsen? –

Vor unserer Zweiten Staatsprüfung hatten wir Studienreferendare diffuse Ängste vor Situationen, die noch gar keine Gestalt angenommen hatten.

„Was können wir tun, wenn im Unterricht etwas Unvorhergesehenes geschieht, etwas, von dem wir noch gar keine Ahnung haben?"

Unser Hauptseminarleiter riet uns damals, jene Bedingungsfaktoren zu analysieren, die der jeweiligen angstmachenden Situation zugrunde liegen könnten. Dieser Rat klang sehr theoretisch und wenig griffig – aber wahrscheinlich können wir unseren Ängsten wirklich erst dann begegnen, wenn wir konkret wissen, *was* uns ängstigt, was der Auslöser dieser Angst sein könnte und welche äußeren Umstände mitspielen.

Eine vom Sportunterricht auf heißem Fußballfeld erschöpfte Klasse kann anschließend einfach nicht mehr zur Höchstform auflaufen.

Ich kann als Lehrer nicht erwarten, dass diese Schüler auf meine Fragen sofort Antworten geben „wie aus der Pistole geschossen"; denn zunächst muss die Frage verstanden sein, dann „inwendig sacken" und die entsprechende Antwort entwickelt werden. Dies alles kostet Zeit und verlangt von dem, der sie ja bereits weiß, einfach nur geduldiges Abwarten. Nur keine Hektik!

*

Wie gern hätte ich einst zur Zunft der Drachenflieger gehört, allein, ich war stets zu ängstlich.

Ich erinnere mich an meine Prüfungsängste, weil Prüfungen in starkem Maße fremdbestimmt sind und ihre Ergebnisse nicht ausschließlich in unserer Hand liegen. Meine Frau hat damals diese Ängste in mir intuitiv verspürt und ist mit mir dann zur Ablenkung Minigolf spielen gegangen.

Als Patient kenne ich die Angst vor dem Moment der Diagnose.

Viele von uns ängstigen sich davor, einen geliebten Menschen am Ende loslassen zu müssen, allein zurückzubleiben und im Alter zu vereinsamen, gebrechlich zu werden und auf fremde Hilfe angewiesen zu sein.

Wenn ich allerdings, beladen mit dem Bündel meiner eigenen Ängste, an die Generation meiner Eltern denke, die den totalitären Staat in seiner Willkür zu ertragen hatte, im Kugelhagel um ihr Leben laufen musste, Luftangriffe fürchtete und größter materieller Not ausgeliefert war, dann wiegen meine heutigen Ängste nicht mehr so schwer. Sie werden eher leichter und ich selbst bin dann am liebsten still.

Wie oft und wie intensiv habe ich mich *um andere Menschen* geängstigt?
Fühlte ich mich womöglich unter Druck gesetzt, nur weil ich ihnen nicht genügend vertraut habe?

*

Im *Tagesspiegel* (26.06.2001) wird berichtet, dass es viele **Angstpatienten** gebe, die ihre Gefühle kaum in Worte fassen könnten und dabei unter krankhafter Angst litten.
Die Angst sei ihr ständiger Begleiter, sie wachten morgens mit der Angst auf und könnten nachts wegen ihrer Angst nicht einschlafen. Ständig würden sie von **Angstattacken** überfallen und gehörten damit zu jenen Patienten, die unter „GAS" litten, einer „generalisierten Angststörung". In Deutschland litten 2,3 Millionen daran, Frauen häufiger als Männer. Es seien Menschen mit dem Gefühl: „Ich kann irgendwie nicht mehr".
Das Leben bestehen (müssen) – das kann offenbar Angst machen.

Was kann der Angst entgegenwirken?
Gibt es einen (Erziehungs-)Wert, der uns hilft die Angst zu überwinden und Mut zu fassen – immer wieder?
Können wir diesen Wert aus uns selbst heraus entwickeln und/oder pädagogisch vermitteln?
Gibt es einen Gegenbegriff zur Angst?
Was hält unsere pädagogische Trickkiste bereit, Ängste von frühauf zu lindern?

Ich möchte es die **Zuversicht** nennen - Zuversicht als ständiger Wegbegleiter.

Es gibt ein *Taizé-Lied:*

Meine Hoffnung und meine Freude, meine Stärke, mein Licht.
*Christus meine **Zuversicht**, auf dich vertrau' ich und fürcht' mich nicht.*

Zugegeben, hier hat die **Zuversicht** religiöse Wurzeln und diese Art von Zuversicht hilft demjenigen nicht, der nicht (mehr) glauben kann.
Bleiben wir daher lieber auf dem Boden der Tatsachen, im irdischen Hier und Jetzt!

Zuversicht im täglichen Leben kann ich entwickeln, wenn ich die Wurzeln meiner Angst erkenne und entgegensteuere:

Du hast Angst vor einer Prüfung? Dann bereite Dich frühzeitig und umfassend vor!
Du hast Angst vor Mittelmäßigkeit? Dann sieh ein, dass es neben Medaillen- auch Rangplätze gibt!

Wenn Du heute Deiner Favoritenrolle nicht gerecht wirst, heißt dies noch lange nicht, dass Du „auf ewig" ein "Loser", ein Versager, sein wirst!

Schüler wünschen sich Lehrer, die ihnen Mut machen.
Patienten wünschen sich Ärzte voller Empathie.

Verzweifelte wollen einfach nur einmal in den Arm genommen werden!

Unsere **Zuversicht** wächst in dem Maße, wie unser Selbstwertgefühl durch Verständnis, Lob und Anerkennung gestärkt wird – zumindest da, wo es um zu erbringende Leistungen geht.
Empathie und Trost können unsere **Zuversicht** aufbauen.
Wir machen den Anderen Mut, wenn wir ihnen sagen, was uns an ihrem Wesen, Ihren Worten und ihrem Handeln, gefällt.
Scharfzüngige Kommentare sind meist vernichtend, Anerkennung aufbauend.

Zugegeben, es ist schwer, **Zuversicht** zu vermitteln, wenn zum Beispiel eine Beziehung in die Brüche gegangen ist, die materielle Existenz bedroht erscheint oder der baldige Tod bevorsteht.

In solchen Grenzsituationen bleibt nur zu hoffen, dass uns die **Zuversicht** am Ende wie eine Rüstung vor der Verzweiflung schützt.

(J.H. 09/2001, Gemeindeblatt Mariendorf-Süd; völlig neu bearbeitet 03/2023)

Erziehungswerte

IV

Wertsachen verschließen wir am besten im Tresor, diebstahlsicher.
Ideelle Werte hingegen werden nicht irgendwo abgelegt, sondern haben ihren Platz in uns selbst, in unserem Herzen und Gewissen.

Von ethischen Grundsätzen sagen wir, dass sie *ewig* gelten, moralische Vorstellungen hingegen unterliegen dem Wandel der Zeiten, wobei Ethik und Moral letztlich gemeinsam unsere Werteskala bestimmen. Einzelpersonen und Gesellschaft, Völker und Staaten, brauchen Werte und Normen, weil diese uns wie Leuchtfeuer davor bewahren in Orientierungslosigkeit abzudriften.
Da wir nicht immer alles zugleich im Kopf behalten können und weil wir mitunter schnell vergessen, was uns guttut, wird die Frage nach den Werten stets aufs Neue zu erörtern sein; sie wird ein Dauerbrenner bleiben.
Von *Freundlichkeit und Zuversicht* als vermittelbare Erziehungswerte war zuvor die Rede. Aber sicherlich lohnt es sich nachzudenken über die Tugend (sich) *Ziele* zu setzen und diese *zielstrebig* zu verfolgen. Es geht im Folgenden also um **Zielgebundenheit**.

Es gibt Menschen, in deren Nähe wir uns wohlfühlen. So ging es uns (meiner Frau und mir) vor langer Zeit mit *Hannah,* ihrer Mutter und ihren beiden Brüdern. Hannah war damals elf und irgendwo zwischen Starnberger See und Ammersee zu Hause. Regelmäßig in den Ferien brach ihre Mutter mit den drei älteren ihrer vier Kinder zu einer mehrtägigen Wanderung auf, die sie diesmal via *Oberammergau* hin zur *Zugspitze* führen sollte. Einträchtig saßen sie (und wir) rund um das Gipfelkreuz vereint auf dem *Hinteren Hörnle* oberhalb von *Bad Kohlgrub.* Uns gefiel die freundlich-sanfte und wissbegierig-aufgeweckte Art, in der nach den überstandenen Aufstiegsstrapazen alle miteinander umgingen, ihren Proviant untereinander teilten und ihre Beobachtungen austauschten. Die Zugspitze war also ihr letztes **Etappenziel;** der Weg dorthin war steinig und würde ihnen ein Äußerstes an physischer Kraftanstrengung und eiserner Willensstärke abverlangen, wobei sie das aufziehende Unwetter hoffentlich heil überstanden haben.

Gewiss wird sich Hannah noch heute an die Wanderungen in ihren Kindheitstagen, die gemeinsamen Erlebnisse und Bewährungsproben erinnern. Ob sie die Tradition selbst fortgeführt und weitergegeben hat?

*

Mit großer Regelmäßigkeit habe ich als Mentor und begleitender Lehrer Studienreferendare während ihrer Ausbildung und bei ihren Lehrproben betreut. Jeder Unterrichtsentwurf enthielt ein Generalthema und, davon abgeleitet und darauf bezogen, sorgfältig formulierte **Stundenziele**, aus denen sich die einzelnen Unterrichtsschritte ergaben. Prinzipiell ging es dabei immer um die Vermittlung von Wissen, Können und Urteilsfähigkeit. Ein Lehrender muss sich vorab darüber Gedanken machen, *was* er unterrichten will, *wie* er es tut und mit welchem **Ziel**. Zugegeben, diese Unterrichtsentwürfe nahmen sich sehr statisch aus und ließen für nicht planbare Spontaneität im Unterricht kaum Spielraum.

Die Bewertung dieser Unterrichtsstunden durch die Ausbilder hing in starkem Maße davon ab, ob und wie die Referendare die vorgefassten Ziele erreicht hatten. Deshalb waren diese darum bemüht, möglichst wenig von ihren Entwürfen abzuweichen, sondern diese **zielgebunden** zu erfüllen. Die Ziele und ihre Wege dorthin bedingten in solchen Vorführstunden einander. Nur nicht improvisieren! Tagtäglicher Unterricht sieht jedoch zwangsläufig anders aus!

*

„Zurück zu den Quellen!" forderte einst der Historiker *Leopold von Ranke*. Zum Geschäft eines Forschers und Lehrenden gehört es also, Quellenmaterial zu erschließen, indem dieses in seinen historischen Zusammenhang gestellt wird. Gemeinsam mit seinen Schülern wird ein Lehrer auf Entdeckungsreise gehen und gemeinsam werden Lehrer und Schüler zu Ergebnissen und Urteilen kommen.

Hier zeigen sich Parallelen zu den Aufgaben eines Pfarrers. In aller Regel ist es ein Bibelwort, das einer Predigt zugrunde liegt. Dieses wird in seinem Text- und Zeitzusammenhang erläutert, gedeutet und in einen aktuellen Bezug gesetzt. Daher gilt:

Keine Unterrichtsstunde ohne Stundenziel!
Keine Predigt ohne Botschaft!

Lehrer und Pfarrer hoffen auf offene Ohren ihrer Schüler bzw. ihrer Gemeinde, die es ja zu erreichen gilt. Deshalb ist die Methode des Vermittelns so immens wichtig! Wichtig ist aber auch, dass das eigentliche Anliegen aus dem Herzen kommt.
Ein Lehrer kann den Lernzuwachs seiner Schüler auf unterschiedlichen Wegen überprüfen.
Wer predigt, will etwas von religiöser Tragweite mitteilen und die Gemüter seiner Gemeinde bewegen.
Kann er Verhaltensänderungen bewirken?
Kann er zum Glauben führen?
Wann und wie wäre wenigstens ein Teilerfolg sichtbar?

Erziehende wissen ein Lied davon zu singen: Ihr Erziehungserfolg ist – vor allem im emotionalen Bereich – nur schwer messbar und wenn überhaupt, dann meist nur mit langer Zeitverzögerung oder eventuell über indirekte Rückmeldungen.
Erziehen braucht viel Geduld.
*Erzi*ehen ist eine Aufgabe, der wir uns nicht *entz*iehen dürfen, weil sie der Natur entspricht und unsere Kinder das Recht darauf haben, mit

erzieherischer Vorbereitung und Anleitung ihr Leben zu bestehen.

Im Idealfall akzeptieren Schüler die ihnen gestellten Ziele (z.B. eine Sprache besser zu verstehen, zu sprechen und zu schreiben) und machen sie sich zu eigen, indem sie konzentriert lernen und üben. Sie werden stolz sein auf ihre Erfolge (die sie wiederum zum eigenen Ansporn brauchen) und sich vielleicht neue Ziele stecken.

Von einem Glücksfall können wir als Kollektiv sprechen, wenn es uns gelingt, Konzepte und Visionen zu entwickeln, die uns neue Wege aufzeigen hin zu ungeahnter Lebensbereicherung und zu phantasievollen Problemlösungen.

Wer sich selbst oder anderen Ziele setzt, formuliert Aufgaben und kann Lösungswege weisen. Wer sich diesen Zielen stellt, tritt nicht auf der Stelle, sondern befindet sich in Aufbruchsstimmung. Ziele sind naturgemäß nie rückwärtsgewandt, sondern liegen immer vorn! Sie sind wie Leuchtfeuer in der Ferne.

*

Lange zu leben ist gemäß einer irischen Weisheit die einzige Chance alt zu werden und wer älter und alt wird, wird irgendwann einmal sechzig.

Aus diesem Anlass bekam ich vor Jahren von meinen Lieben eine Ballonfahrt für zwei Personen geschenkt und so stiegen wir (meine Frau und ich) im Juli 2001 bei *Fehrbellin* in die Luft. Neben dem Ballonfahrer befanden sich acht Passagiere in der

Gondel, als der Heißluftballon, der an Höhe ein vierstöckiges Haus mühelos überragt hätte, abhob und mit uns sachte davonschwebte. Dörfer und Felder, Waldstreifen, Straßen und Kanäle lagen bis zu tausend Meter unter uns. Hundegebell und Musikfetzen drangen gedämpft zu uns herauf. Ansonsten war es still bis auf den Kompressor, aus dem in kürzeren Abständen heiße Luft in den Ballon gedüst wurde. Die seitwärts entströmende Hitze schmerzte mächtig. Neben erhöhten Blutdruck- und Pulswerten hatten wir vor allem eine **weite Sicht** bis hin zur untergehenden Sonne.

*

Wie glücklich waren wir, als wir im August desselben Jahres bei herrlichstem Sonnenschein und sechs Grad plus endlich auf der Zugspitzplattform standen und uns von da oben gar nicht trennen mochten! Es war das Erlebnis der weiten Sicht, das uns faszinierte. Nicht, dass uns Ballonfahren oder Gipfelstürmerei dem Himmel wesentlich näherbrächten, aber wir genossen die weite Sicht und die glücklichen Momente des Abstandnehmens von dem lauten Trubel da unten, die uns der Perspektivwechsel schenkte.

Wenn wir mit dem Auto fahren oder mit dem Fahrrad, mit dem Boot und ebenfalls beim Streckentauchen oder bei Gratwanderungen im Gebirge – wir brauchen stets die weite Sicht um Kurs halten, Gefahren ausweichen, das Tempo regulieren oder die Balance halten zu können.

Von Golfspielern oder Sprintern wissen wir, dass diese konzentriert ihr **Ziel fixieren** und sich auf dessen Erreichen einstellen müssen.

Von meinem damaligen Fahrlehrer habe ich gelernt, dass sich ein guter Autofahrer dadurch auszeichne, dass er intuitiv erfassen könne, wie sich im nächsten Moment sein Mit- oder Gegenverkehr verhalten würde. Er müsse sein eigenes Verkehrsverhalten vorausschauend dem der anderen Verkehrsteilnehmer **weitsichtig** anpassen, womit wir beim Begriff der **Weitsicht** wären.

Weitsicht ist gegründet auf Erfahrungswissen, Kombinationsfähigkeit und auf vorausschauendes Denken. Sie ist Teil eines planvollen Lebens. Sie hilft uns dabei, Gefahren zu entschärfen und böse Überraschungen zu minimieren.

Möglicherweise ist sie die Tochter der *Vernunft* und die Schwester der *Vorsicht*.

Möglicherweise bereits in Teilen angeboren, ist sie später sicherlich erzieherisch zu vermitteln und trainierbar – freilich nicht ohne Geduld und Leitbilder. Ihre Vermittlung steht nicht im Lehrplan, aber jeder Autor eines Lehrplans wäre froh, wenn Weitsicht mit leichter Hand vermittelt würde.

Lassen sich womöglich Beispiele mangelnder Weitsicht finden?

Na ja, wer mit Sandalen, kurzen Hosen, leichtem T-Shirt und ohne Proviant im Hochgebirge kraxelt, könnte schnell ein Fall für die Bergwacht werden.

Radfahren ohne Sturzhelm ist besonders gefährlich! Die täglichen Hiobsbotschaften aus weltweiten Konfliktgebieten zeugen von wenig politischer und sozialer Weitsicht der daran verantwortlich Beteiligten.

Positive Beispiele für Weitsicht sind zweifellos die historische Sozialgesetzgebung und die Einführung der Pflegeversicherung.

Ein Sommerfest der Kirchengemeinde und ein Weihnachtsbasar müssen gemeinsam bedacht und weitsichtig geplant werden.

Überall, wo wir die Konsequenzen unseres Redens und Tuns vorausschauend bedenken, üben wir uns in Weitsicht.

Weitsicht gehört hoffentlich zu den Strategien unseres Handelns!

Sie ist Teil der *Verantwortungsethik*, die die Folgen unseres Sagens und Tuns bedenkt.

Bei einem weitsichtigen Menschen denken wir kaum an jemanden, der im Nachhinein schon alles vorher gewusst zu haben vorgibt.

Eben so wenig an jemanden, der aus lauter Ängstlichkeit und Vorsicht das eigentliche Leben verpasst.

Wir denken eher an jemanden, der weiß, was ihm und dem Leben überhaupt guttut, der sich gegenüber bösen Überraschungen wappnet, der in brenzligen Situationen die Spielregeln des Lebens durchschaut.

Weitsicht blickt nicht zurück, sondern nach vorn. Weitsicht betrachtet unser Leben als Durchgangsstation, als eine zeitlich begrenzte Daseinsform, als Vorhof des gänzlich Unbekannten oder des Unerfahrbaren.

Wir schauen nach vorn. Wir fragen und staunen. Und wir werden wieder einmal nachdenklich und still.

(J.H. Gemeindeblatt Mariendorf Süd 11/2001; b. 03/2023)

Herr Bachmann und seine Klasse

Unter dieser Kapitelüberschrift wurde in meiner Fernsehzeitschrift für den 11. Februar 2023 ein Dokumentarfilm auf 3 SAT angekündigt. Auf einem Foto wurde *Herr Bachmann* gezeigt: ein älterer, weißbärtiger Herr mit feinem Lächeln; mit bunter Strickmütze und quergestreiftem Freizeithemd bekleidet; vor ihm liegend eine Gitarre. Insgesamt werden auf zwei Fotos vier seiner (auf mich älter wirkende) Schülerinnen mit migrantischem Hintergrund (man verzeihe mir diese umstrittene Klassifizierung!) gezeigt, vier Mädchen der *Georg-Büchner-Gesamtschule* im ländlich gelegenen hessischen *Stadtallendorf*.

Herr Bachmann wende in seiner Klasse 6b „ungewöhnliche Methoden" an; denn *mit Offenheit, Herzenswärme und nicht zuletzt seiner E-Gitarre* schaffe es der Lehrer Dieter Bachmann, Kindern mit unterschiedlichster Herkunft und teils eher geringen Deutschkenntnissen schnell ein Gefühl der Zusammengehörigkeit zu geben.

Mit Empathie, Offenheit, viel Humor und mittels Gitarre setze er sich mit den Problemen der Schüler auseinander, die ja überdies aus unterschiedlichen sozialen Milieus stammen.

Diese preisgekrönte Langzeitstudie (die bei der 71. Berlinale den Publikumspreis gewann) zeige, dass der Begegnungsort Schule mehr sein könne als bloßes Pauken.

Der Film sei „*klasse beobachtet: so macht Lernen Spaß!*"

*

Ich erinnere mich an die Begegnung mit einem Gymnasiallehrer in den 60er Jahren – es war, so glaube ich, am Edersee. Er erklärte mir damals, dass er keine einzige Unterrichtsstunde ohne ein Lied beginne, das er unter Gitarrenbegleitung mit seinen Schülern singe. Gern hätte ich bei ihm hospitiert um zu beobachten, wie das gemeinsame Singen die jungen Menschen innerlich entkrampft hat und vielleicht auch lächeln (oder hoffentlich doch nicht aufsässig werden) ließ. Ob ich ihn mir gern als Lehrer gewünscht hätte, wüsste ich nicht so genau zu sagen, weil er mir mit dem Beharren auf seiner Methode ein wenig missionarisch erschien und ich nicht hätte sagen können, ob er mich nicht unmerklich verstoßen hätte, wenn ich gelegentlich aus irgendwelchen Gründen nicht zum Mitsingen aufgelegt gewesen wäre.

*

Bei einem Klassentreffen erinnerte mich ein (leider bereits verstorbener) ehemaliger Schüler, dass *ich* in den frühen 70er Jahren als Studienreferendar und Vertretungslehrer an der benachbarten Droste-Hülshoff-Oberschule in Zehlendorf mit meiner Gitarre den Klassenraum betreten und mit den Schülern im Englischunterricht ein englisches Lied einstudiert hätte. Dies sei nicht so oft (oder sonst wohl gar nicht?) vorgekommen.

Bei einer späteren Klassenfahrt mit der Mittelstufe (wiederum am Edersee) musste ich zu meiner Enttäuschung feststellen, dass das abendliche Lagerfeuer an sich schon gewöhnungsbedürftig für die Schüler war und ihnen meine Gitarrensolos vermutlich als gestrig erschienen. Vielleicht fehlten mir auch die nötigen Beliebtheitswerte.

Einer meiner Kollegen, ein Musiklehrer an meiner Stammschule, sang regelmäßig und unbeirrt unter Klavierbegleitung mit seinen Schülern; ich selbst habe weder im Geschichts- noch im Englischunterricht oft gesungen und als Mentor „meiner" Referendare kann ich mich nicht erinnern, dass diese es je mit ihren Schülern getan hätten; denn letztlich geben wir wohl immer nur das weiter, was wir selbst erlernt haben und was uns etwas bedeutet; und wer gibt schon gerne etwas von sich preis?

Wenn ich die Zeichen der Zeit richtig deute, so sollten heutige Lehrer nicht nur – und das war noch nie anders - fachlich kompetent und in der Vermittlung des Lernstoffes versiert und erfolgreich sein; nein, es geht bei ihnen auch um eine verstärkte soziale Kompetenz und um die Fähigkeit der Wertevermittlung – mit oder ohne Gitarre.

*

Wenn ich außerdem den Text der Vorbesprechung zum Film kritisch unter die Lupe nehme, so würde ich behaupten, dass *Empathie* (also die Fähigkeit, sich in andere Menschen hineinzuversetzen), *Offenheit, Herzenswärme und Humor* weniger als „ungewöhnliche Methoden" des Unterrichtens durchgehen können, sondern grundsätzlich Charaktereigenschafen bzw. wünschenswerte Wesensmerkmale eines jeden Menschen darstellen sollten.
Ob und wie eine E-Gitarre allerdings als Wissensvermittlerin komplexer Sachverhalte und deren valider (also zuverlässiger und letztlich gültiger) Überprüfung in der gängigen Form einer

Leistungsmessung dienen kann, bleibt mir zunächst ein wenig schleierhaft.

Vielleicht trägt sie ja dazu bei, die Schüler zu motivieren, den Unterrichtsstoff „zu schlucken".

Vielleicht ist es aber gar nicht die Gitarre, sondern der Mensch da vorne, der sie spielt und dem man vertraut.

Außerhalb der Eignung zur Vermittlung von Wissen, Fähigkeiten und Urteilsvermögen geht es, wie oben bereits gesagt, natürlich immer wieder um die soziale Kompetenz des Lehrers.

Nicht hoch genug eingeschätzt werden können freilich das Bedürfnis und der feste Wille des Unterrichtenden, sich „mit Problemen der Schüler auseinanderzusetzen".

Offen bleibt allerdings die Frage, ob und inwieweit diese „Auseinandersetzung" - verbunden mit Zuhören-Können - zur Lösung der anstehenden Probleme führen kann. Letztlich werden diese Fähigkeiten jedoch in allen Berufen gefragt, bei denen wir uns um Menschen kümmern.

*

In der 210minütigen Fernsehdokumentation erleben wir Dieter Bachmann in seiner 19köpfigen Klasse übrigens im Frontalunterricht und in ungebremster Erzähllaune. Seine Sprache ist durchsetzt mit deftigen umgangssprachlichen Ausdrucksweisen wie *geil, ...scheiß ich auf's Lernen, ...keinen Bock habe..., verarschen.*

Ist er sich seiner Gossensprache bewusst?

Will er sich damit anbiedern oder sucht er gar nach Anerkennung?

Wie versteht er sich als Lehrender?

(Von meinen eigenen Schülern bin ich ein einziges Mal zurechtgewiesen worden, als ich bewusst in die Kiste der Fäkalsprache griff: Dies passe gar nicht zu mir und stehe mir nicht zu!)

Es macht Dieter Bachmann nichts aus, sich von seinen Schülern aus der Schulcafeteria Speisen mitbringen zu lassen und sie auch gelegentlich körperlich zu berühren, indem er sie umarmt oder streichelt.

Er animiert seine Schüler dazu, in einer Art Combo gemeinsam mit ihm zu musizieren. Mehrmals erklingt das Lied „Hejo, spann den Wagen an".

Na, ja....

Für gewöhnlich unterrichtet er im Sitzen und sendet hin und wieder Verhaltensimpulse aus.

Er legt Stillphasen ein und hält die Schüler/innen zum Stilllesen oder zur Partnerarbeit an (wobei manche Schüler/innen – wie zu erwarten? - untereinander muttersprachlich kommunizieren).

Wir erleben ihn in Einzelgesprächen mit Schülern und Eltern.

Er spricht das Thema „Sexualität" an und hält seine Schüler/innen dazu an, ihre Meinung stets zu begründen.

Ein Mädchen findet gleichgeschlechtliche Liebe als „eklig". Herr Bachmann besteht darauf, dass sie ihre Ablehnung begründe und fragt sie, ob es am Ende nicht darauf ankomme, dass allein *Liebe* im Spiel sei.

Manche seiner Gespräche mit den Schülern haben einen geradezu seelsorgerischen Einschlag.

Er begründet seine Notengebung und lässt seine Schüler/innen (zumindest scheinbar) an deren Findungsprozess teilhaben.

Noten, so erklärt er ihnen, seien Momentaufnahmen und berücksichtigten die persönliche Entwicklung der Schüler.

Sie enthielten sogar einen prognostischen Wert.

(Diese Einschätzung lässt sich pädagogisch kaum halten; denn objektive Noten bewerten eine Leistung zu einem bestimmten Zeitpunkt als eine reine Tatsachenfeststellung. Sie spiegeln keine Beliebtheitswerte wider. Es darf daher keinen Unterschied machen, ob mir als Prüfer der Schüler vertraut oder der Examenskandidat am Ende völlig unbekannt ist - soweit wenigstens der theoretische Ansatz. Dies schließt natürlich nicht die Möglichkeit aus, die Schüler/innen mitunter nach deren Selbsteinschätzung zu fragen.)

*

An manchen Stellen des Films erscheint mir Dieter Bachmann wie ein „Märchenonkel" und weniger als Lehrer und bei seinem Sologesang zur Gitarre am Lagerfeuer während einer Klassenfahrt wirkt er auf mich jugendbewegt und damit ein wenig aus der Zeit gefallen. Ein Hang zur Selbstdarstellung ist ihm nicht abzusprechen.

Wir erfahren, dass er als Grundschullehrer mehrere Fächer unterrichtet: Deutsch, Englisch und Mathematik.

Sehr sparsam wird im Film mit der Frage nach Didaktik und Methodik umgegangen.

Was eigentlich wird konkret unterrichtet und – vor allem – *wie*?

Wie bringt er seiner heterogenen Lerngruppe Sachinhalte bei?

Welche Lernprogression wird sichtbar und wie wird das Erreichen der Lernziele so valide, also zuverlässig, festgestellt, dass der Lernerfolg in Noten gegossen werden kann?

Der Fernsehfilm legt bei der Darstellung der „ungewöhnlichen Methoden" sein Schwergewicht spürbar auf die sozialtherapeutische Ebene.

Grundschüler gilt es jedoch vor allem auch auf der Sachebene für die Sekundarstufe zu rüsten.

Da das eigentliche Unterrichten kaum gezeigt wird, nehmen wir auch nicht wahr, wann und wie das Lerntempo verlangsamt oder beschleunigt wird.

Wie stark interessiert sein Spiel auf der Gitarre die Schüler/innen wirklich und wie nachhaltig werden sie, die aus der Türkei, Bulgarien, Marokko, Russland und sonst woher stammen, von *Hejo* und dem angespannten Wagen wirklich beeindruckt, beeinflusst und nachhaltig geprägt?

*

Die heutige Schülerschaft an besagter Grundschule in Stadtallendorf würde mich vor beängstigende pädagogische Herausforderungen stellen und wirkt so ganz anders als meine Gymnasiasten zwischen 1970 und 2006.

Mit der Bevölkerungsstruktur in Deutschland hat sich offensichtlich auch unsere Schülerschaft gewaltig verändert.

Das verborgene Zauberwort im gerade besprochenen Fernsehfilm war „Respekt"; allseitiger Respekt gegenüber den Anderen und dem Andersartigen.
Dieses Wort *Respekt* müsste wohl auf jeder Sprosse der schulischen Stufenleiter stehen – heute und auch morgen.
Dies habe ich erneut gelernt und würde es mir sofort ins Stammbuch schreiben.

(J.H. 12.02.2023)

To teach is to touch a life forever

*Zwei Nachrufe auf **Peter Boaks**, London, und **Dietrich Lucke**, Berlin*

Eltern fragten bei Neuanmeldungen an der künftigen Schule ihrer Kinder oft, welche Austauschprogramme die Lehranstalt ihrer Wahl durchführe und sprachen damit den hohen Stellenwert internationaler Begegnungen an.
Ende der 60er Jahre leitete unsere ehemalige Fachbereichsleiterin für moderne Fremdsprachen,

nach einem längeren persönlichen Aufenthalt an der *Forest Hill School* in *Lewisham* einen *Berlin-London-Exchange* in die Wege, den ich von 1979 bis 1992, fast bis zuletzt gemeinsam mit *Renate Ribbe*, weiterführen durfte. Als Ansprechpartner in London standen uns **Peter Boaks** und *Peter Robert Haswell* federführend gegenüber.

Peter Boaks war Liebhaber der indischen Küche und Virtuose auf der Trompete („Trumpeter") und oft lud er mich nach Absolvierung unserer Tagesprogramme mit den Schülern als Zuhörer der abendlichen Konzerte seiner Big Band, *The Sound of Seventeen,* in indische Restaurants ein. Nie konnte er sich das Lachen verkneifen, wenn mir dort die scharfen Gewürze Tränen in die Augen trieben.

Jahre vor dem Mauerfall wanderten wir gemeinsam durch *Steinstücken,* rodelten mit unseren Kindern im Volkspark Mariendorf und musizierten bei uns zu Hause fröhlich mit Klavier, Gitarre, Gemshorn sowie Töpfen und Kochlöffeln als Schlagwerkzeuge.

Peter verfasste für seine Schüler ein Deutschbuch mit dem Titel *Startbahn,* in dem einige unserer ehemaligen Schüler aus jenen Tagen in Wort und Bild festgehalten sind.

Natürlich sind internationale Schülerbegegnungen zahlenmäßig nicht vergleichbar mit modernen Migrationsbewegungen; da gilt eher die kleine Zahl, aber zwanzig Personen im Losverfahren auf unserer Seite alle zwei Jahre waren schon viel.

Mitte des Jahres 2005 ist Peter in London gestorben - mit knapp sechzig.

Er hat uns Begegnungen ermöglicht und sich einen Platz in unseren Herzen und in der Chronik der Werner-von-Siemens-Oberschule verdient.

*

Ungefähr zur gleichen Zeit haben wir Abschied genommen von **Dietrich Lucke**, unserem langjährigen Fachbereichsleiter für Geschichte und Politische Weltkunde. Im Jahre 1970 hatte ich als Referendar an unserer Schule die Gelegenheit, in einigen Unterrichtsstunden bei ihm zu hospitieren. Als ein Meister des gesprochenen Wortes beeindruckte er die Zuhörer durch seine Rhetorik, Gedankenschärfe und sein Problembewusstsein. Eine seiner Stärken lag aber auch im Zuhören-Können und wer mit (s)einem Anliegen zu ihm kam, wusste sich angenommen und konnte auf seinen Rat zählen.
Er war kein moderner Medienkünstler, sondern er vertraute seinem profunden Wissen und seinem sehenden Herzen.
Er konnte gut vermitteln und Kompromisse finden.
Er war vertraut mit den Problemen seiner Schüler und deren langjähriger Vertrauenslehrer.

Als er etwa Mitte der 90er Jahre pensioniert wurde, fesselte er sein Auditorium, als er, auf der Bühne der Schulaula stehend, seine Abschiedsrede gleichsam wie ein geistiges Vermächtnis anrührend und überzeugend, fest und klar sowie ohne Manuskript frei und ohne technische Hilfsmittel hielt. Was hätte ihm auch ein Manuskript geholfen, war er doch inzwischen nahezu erblindet.

Wir sind dankbar, ihn, Freund und Förderer unserer Schule, in unserer Mitte gehabt zu haben.

(J.H. veröffentlicht 12/2005, bearbeitet 03/2023)

Stimmigkeit

Ich bin

Von ihrem Anblick tief gerührt,
Von ihrem Wesen fasziniert.
Lieb ihren Gang, lieb ihren Duft,
Wie zärtlich sie oft nach mir ruft.
Wie sie sich gibt und sich benimmt,
Zeigt mir, dass alles an ihr stimmt.
Wie sanft sie lächelt, wie sie spricht,
Wie liebevoll wirkt ihr Gesicht!
Ihr Blick, der spiegelt inn'ren Frieden,
Verrät, dass sie mit sich zufrieden.
Hab ihre Augen funkeln seh'n –
So lebhaft und so wunderschön.
Sie kleidet sich sehr vorteilhaft,
Was ihrem Anblick Ehre macht.
Es spricht aus ihr ein reines Herz,
Kann fröhlich sein und voller Schmerz.
Was sie mir sagt, klingt klar und gut,
Erfüllt mich oft mit neuem Mut.

Ich liebe sie von Herzen innig,
Weil alles an ihr scheint so stimmig.

Sie spricht

Mit Ernst, in Würde, still versonnen:

„Will gut sein – aber nicht vollkommen.
Kann nur mit mir im Reinen sein,
Wenn ich gestehe Schwächen ein.
Geb' niemals vor, was ich nicht bin;
Nehm' *Dich* mit Deinen Fehlern hin.

Beschütze mich, sei für mich da
Und sag ganz einfach zu mir *ja!*"

(J.H. 2011)

Auf der Heiligen Insel

Letzten Sommer (1993) waren wir wieder einmal in
Irland, der Heimat des hl. *Patrick* und des hl. *Finbar*
– um nur zwei der dortigen Heiligen zu nennen. Im
Westen der Insel, in der Grafschaft *Mayo,* ragt der
Croagh Patrick, Irlands heiliger Berg, aus dem
Küstenland auf. Jeden letzten Julisonntag
wallfahren Zehntausende hierher, zumeist Iren, um

über steile Halden und scharfkantiges Geröll den mühevollen Aufstieg zu wagen – teils barfuß. Sie gedenken dabei der Leiden Christi und jener vierzig Tage der Buße, die sich St. Patrick im Jahre 441 hier unterm Gipfel auferlegt haben soll.

Bereits vor fünf Jahren (Ende der 80er) war ich mit unseren Kindern und *Frank Donaldson* aus Cork dort bei Wind und Regen und inmitten wabernder Nebelschwaden bergaufwärts gestiegen – eine unvergessliche Pilgerfahrt (übrigens in Bergschuhen). Wir hatten uns der Kapelle am Gipfelkreuz entgegen gekämpft, wo einst ein Sterblicher seinem Herrn in selbstgewählter Einsamkeit ganz nahe hatte sein wollen.

Diesmal empfahl uns Frank einen Ausflug zu einer anderen heiligen Stätte, nämlich nach *Gougane Barra* (gälisch), in der Grafschaft Cork. Aus einem einsamen dunklen See, umgeben von bewaldeten Berghängen, entspringt hier der *River Lee.* Auf einer kleinen Insel inmitten des Sees lebte einst im 7. Jahrhundert der hl. Finbar in einer Einsiedelei. Dem frommen Wallfahrer (und gleichfalls mir, dem bequem reisenden Autotouristen) zeigte sich folgendes Bild: In eine runde Feldsteinmauer sind mehrere höhlenförmige Ausbuchtungen eingelassen, die einst einer Klostergemeinschaft als unwirtliche Behausung gedient haben.
Immer wieder hat es fromme Gottesleute in die Einsamkeit gezogen, wo sie abseits und ungestört beten und arbeiten und dem entsagen konnten, was in unserer Welt gemeinhin für angenehm und

erstrebenswert gehalten wird – sowohl einst als auch noch jetzt.

Welche Kontraste dazu doch unser gegenwärtiges Leben (das der 1990er Jahre) bereithält: Für viele Zeitgenossen gilt die Feststellung einer jüngst veröffentlichten wissenschaftlichen Untersuchung, nach der die Mehrzahl der Berufseinsteiger bereit sei, für mehr Konsum auch mehr zu arbeiten und dass unsere junge, im Wohlstand aufgewachsene, Generation immer höhere Ansprüche an den eigenen Freizeitkonsum, an Sport, Hobby und Urlaubsreisen stelle.

Nun, große Reichtümer gab die karge und spröde Landschaft Irlands für unsere Heiligen ohnehin nicht her. Was ihnen blieb, war ein Leben der Bedürfnislosigkeit und der Entsagung. Von Wohlstand und von Überfluss keine Spur!
Ob sie aber zu Heiligen geworden wären, wenn irdischer Reichtum von ihnen Besitz ergriffen und sie geprägt hätte?
Welche Folgen hat es für den menschlichen Geist und die menschliche Seele überhaupt, wenn wir für mehr Konsum tatsächlich mehr zu arbeiten bereit sind?
Musste nicht selbst klösterliches Leben einst immer mehr verlottern, wenn irdischer Reichtum üppig Einzug hielt?

*

Die Heiligen übten sich in der Trennung *von* der Welt, aber sie gingen dennoch hinaus *in* die Welt.

Was wären wir heutzutage ohne die damalige iro-schottische Mission in unseren Breiten?

Trifft das Ergebnis der obenerwähnten Studie zu, dass mit zunehmendem Alter die Attraktivität des Geldes nachlasse und insbesondere ältere Arbeitnehmer mehr Wert auf freie Zeit legten?
Und wie steht es darüber hinaus mit Menschen im Rentenalter?
Es bleibt zu hoffen, dass sie alle ihre gewonnene Restzeit sinnvoll füllen.
(Mir persönlich wäre es, ehrlich gesagt, am liebsten, von beidem – also von Geld *und* freier Zeit - genügend zu haben!)

Wer heute, nach abermals drei Jahrzehnten, in Berlin und anderswo unterwegs ist, der stolpert geradezu über die soziale Not, in der sich viele befinden – egal, ob selbstverschuldet oder nicht – meist jedoch wohl unfreiwillig.
Ihnen von den Entsagungswilligen auf der Heiligen Insel zu berichten, klänge wahrlich zynisch. Eher wäre es schon sinnvoll, für sie in sozialer Mission tätig zu werden und ihnen herauszuhelfen aus ihrem Schlamassel.

Das Leben der Heiligen heben wir uns dann für später auf.

(J.H. Gemeindebrief Mariendorf-Süd 10/1993; völlig neu bearbeitet 03/2023)

Messerscharf

Es geschah gegen Mitternacht.
 Es geschah vor mehr als einem halben
Jahrhundert.
  Es geschah im 15 Stockwerk eines Hochhauses.
 Es geschah in einem Randbezirk Berlins.

Er war eine Stunde zuvor ins Bett gekrochen. Allein;
denn seine Frau befand sich mit Jugendlichen auf
einer Ferienfahrt in Griechenland.
Er hatte fest geschlafen, als er plötzlich durch
gurgelnde Würgelaute hochgeschreckt wurde:
  „…Nein…Hilfe…lass´…nein…nicht…!"

Zuerst wollte er sich umdrehen, sich taub stellen, so
tun, als hätte er nichts gehört, als ginge ihn dies
alles nichts an.
 Aber an Schlaf war nun nicht mehr zu denken.
  Seine Sinne waren hellwach.
   Sein Puls raste.
Und diese Würgelaute da nebenan wiederholten
sich mit steigender Intensität.

Schlotternd schlich er zum Spion in der
Wohnungstür.
Im Flur war alles dunkel.
 Stockfinster.
 Schwarz.

*Aber es wohnen doch noch mehr Leute hier oben
als nur ich allein,* schoss es ihm durch den Kopf.

Da waren die Krankenschwester und der Polizist
und die Heimleiterin und der ältere Herr mit den
häufigen Männerbesuchen am anderen Ende des
Flurs.

Machte denn niemand Licht?
 Griff kein Mensch ein?
  Lauerten sie alle feige und klammheimlich hinter
  Ihren Türen?
   War die Polizei bereits gerufen und unterwegs?

Weshalb gerade *ich*?

Seine Hände zitterten,
 seine Knie wurden weich,
  kalter Schweiß stand auf seiner Stirn.

Trieb sich womöglich jemand von dem üblichen
Gesindel gerade durch`s Hochhaus?
 War er hier oben wirklich allein –
  bis auf die Akteure nebenan?

Zaghaft öffnete er die Wohnungstür, ertastete den
Lichtschalter im Flur und schlurfte schlotternd voller
Angst zur Nachbartür, dorthin, wo die Todesschreie
herkamen.
Nun erst begriff er, was Angst bedeuten kann!

Er klopfte.
 Er klingelte Sturm
  Er hämmerte gegen die Tür – keine Antwort.

Drinnen aber nahmen wohl schreckliche Dinge unvermindert ihren Lauf.

Das Flurlicht erlosch.
Der Lichtkegel, der aus seiner halboffenen Wohnungstür drang, zog ihn zurück.
Er war so hilflos und voller dunkler Ahnungen.

Da fiel ihm plötzlich sein Telefon ein.
 Aber die Nummer der Nachbarn?

Hastig schlug er sie im Telefonbuch nach, fand sie schließlich mit zitternden Händen und drehte die Wählscheibe.
Durch die spaltbreit geöffnete Wohnungstür hörte er, wie das Telefon nebenan schrillte und wartete ab.

Den verzweifelten Schreien nach zu urteilen, hetzte der Nachbar seine Frau noch immer in einer wilden Verfolgungsjagd querfeldein durch die Wohnung.
 Sie aber versuchte ihm voller Erschöpfung in deren Zweizimmerwohnung zu entkommen.
  Sie wollte sich wehren.
   Sie wollte überleben!
    Offenbar!

Wer aber sollte helfend eingreifen, sofern es ihm nicht gelänge, den Nachbarn ans Telefon zu locken, ihn zu beruhigen und von seiner Wahnsinnstat abzubringen?

Die Situation erschien ihm aussichtslos, aber zu seiner Erlösung hörte er schließlich eine keuchende Stimme am andern Ende der Leitung lallen.
Er redete behutsam auf ihn ein und versprach, zu ihnen hinüberzugehen und mit ihnen zu reden.

Langsam fiel die panische Angst von ihm ab und wich einer neugierigen Spannung.
Schnell kleidete er sich an und begab sich nach drüben.
Aufpassen und keine Fehler machen!

*

Auf dem Sofa nahm er Platz zwischen ihnen und besah aus den Augenwinkeln die Stätte der Verwüstung:
Umgekippte Möbelstücke, geborstenes Glas, verstreute Kleidung und intime Wäsche überall.

Sie hatten im Kollegenkreis gefeiert, viel zu viel hinter die Binde gekippt und waren betrunken und streitlustig nach Hause gewankt.
Der Alkohol hatte sie enthemmt und sie waren aus Frust und Eifersüchtelei in Streit geraten.
Ein Wort hatte das andere gegeben und sie hatten am latenten Explosivgemisch der verzweifelten Kinderlosigkeit, beruflicher Misserfolge, von Überforderung mit schwierigen Situationen und gegenseitigem Überdruss gezündelt.

Wieder einmal hatte sich der Nachbar dem Verstand seiner Frau und ihrer spitzen Zunge unterlegen gefühlt.
Er hatte zum Messer gegriffen, seine Beute brutal gejagt und hemmungslos auf sie eingestochen.
Die große Abrechnung schien fällig! Hier und heute!

*

Da saß er nun als Vermittler zwischen zwei Eheleuten, die sich voneinander angewidert fühlten, die Fassung verloren und Scherben hinterlassen hatten.

Es sah sie an ihren Stichwunden aus Brust und Schulter bluten.
Er bemerkte die geröteten Flecken auf ihrem Körper und die Spuren ihres Kampfes auf Leben und Tod.
Er betrachtete ihren verrenkten Zeh, ihren abgeplatzten Nagellack, ihr zerzaustes Haar und die Angst, die aus ihren Augen sprach.
Er roch das Gemisch aus Schweiß und abgestandenem Parfum.

Die Beiden hatten sich voreinander in jeder Form entblößt.

*

Mit großer Bestimmtheit schlug er einen Ortswechsel Richtung Wenckebach-Krankenhaus vor und trotz des bleichen Entsetzens beider

Streithähne drängte er angesichts der Verletzungen auf sofortigen Aufbruch.
In seinem alten VW-Käfer tuckerten sie durch die Nacht, hin zur Unfallstelle des Krankenhauses.
Der diensthabende Arzt stellte zum Glück keine Fragen, sondern er verstand, flickte, verband und renkte ein.

Auf dem Rückweg klang aus dem Autoradio harmonische und besänftigende *Musik in Silber und Blau.*
Rückkehr gegen 03.00 Uhr morgens.

Er schickte die Beiden ins Bett und verbat sich jegliche weitere Ruhestörung für den Rest der Nacht.

*

Es verging geraume Zeit, bis er ihnen wieder begegnete. Sie entstiegen dem Fahrstuhl, mit dem er gerade nach unten wollte.
Es drängte sie, eiligst und mit nur angedeutetem Gruß an ihm vorbeizukommen.

Bei einer weiteren Fahrstuhlfahrt nach dem nächtlichen Chaos gab ihm die freundliche alte Dame aus dem oberen Stockwerk, die mit dem kleinen Hund, flüsternd und besorgt zu verstehen, dass sie neulich aufgrund des ungewöhnlichen nächtlichenLärms beinahe die Polizei gerufen hätte.
Beinahe…

Und die Moral von der Geschichte?

Hör´ auf, zu viel zu saufen,
Dann brauchst Du nicht zu raufen!

So oder so ähnlich - und stark verkürzt.

Jahrzehnte später sah er an den Hausbriefkästen unten, dass der Name der beiden Streithähne immer noch dranstand.
Es ist an der Zeit, dort wieder einmal nachzusehen.

(J.H. o.D., bearbeitet 03/2023)

Zufall oder Plan?

Wäre *Bruder Juniper* nur ein paar Schritte weiter gewesen, dann hätte es auch ihn erwischt!
Er hätte sich mitten auf der *Brücke von San Luis Rey* befunden, sie wäre unter ihm geborsten und hätte ihn mitsamt den anderen fünf Fußgängern in die Schlucht gerissen, wo er mit zerschmettertem Körper den sicheren Tod zwischen Felsen und Gischt gefunden hätte.
So geschehen am 20. Juli 1714, irgendwo in Peru zwischen *Lima* und *Cuzco*. Wie stolz waren die Peruaner gewesen über ihre handgefertigte Brücke

aus Weidengeflecht! Und wie gedrückt war die Trauerzeremonie in der Kathedrale von *Lima* angesichts der mühsam geborgenen und zerfledderten Leichenteile.

Wie sehr nagte die bohrende Frage in Bruder Juniper, dem kleinen Franziskanermönch aus Norditalien: Weshalb geschah dieses Unglück ausgerechnet *jenen* fünf Reisenden vor ihm, während er davonkam?

Leben und sterben wir nach dem Prinzip des Zufalls oder geschieht alles nach einem göttlichen Plan?

Werden wir es je erfahren?

Geht es uns im Universum ungefähr so wie den Fliegen, die an heißen Sommertagen von uns gefangen und zerquetscht werden?

Oder verliert kein Sperling auch nur eine einzige Feder, ohne dass Gott dies wüsste und zuließe?

Bruder Juniper fühlte sich vor keine größere Frage gestellt als das Rätsel des Lebens zu entwirren.

*

In meinem recht langen Berufsleben als Gymnasiallehrer habe ich diesen Kurzroman von *Thornton Wilder* mehrmals gelesen und wieder und wieder mit meinen Schülern gefragt: alles Zufall oder Plan?

Die Peruaner, so wusste Bruder Juniper, waren daran gewöhnt, dass Flutwellen ganze Städte wegspülten; dass die Erde jede Woche bebte und dass Türme Männer und Frauen unter sich begruben – egal, ob sie nun guten oder bösen Sinnes gewesen waren.

Nach dem Einsturz dieser symbolträchtigen Brücke jedoch schlich sich allmählich ein geflügeltes Wort in den alltäglichen Sprachgebrauch ein: „Ich sehe Dich am Dienstag wieder, solange nicht die Brücke bricht".

*

Wenn eine morsche Brücke einstürzt, dann geht es für die Opfer und deren Hinterbliebene meistens böse aus. Aber die Brücke an sich war gar nicht böse. Sie hatte auch nichts Böses getan.

Wenn Dinge bzw. unbelebte Sachen von Natur aus gar nicht böse sein können, dann muss der Ursprung des Bösen wohl personifiziert, also mit Personen verbunden werden.

Ließe sich das Böse an sich nicht aus der Unvollkommenheit des Menschen erklären, weil er mit seiner Freiheit nicht umgehen kann? Weil sein *Verstand zwar das ABC* und das *Einmaleins* beherrscht, seine *Vernunft* aber gewaltig hinterherhinkt?

Weil er *ethische Grundsätze* nicht kennt oder über Bord geworfen hat und weil seine *Moral* arg verwässert ist?

Welche Fragen könnte sich Bruder Juniper als gläubiger Mensch (und somit von der Existenz Gottes überzeugt) gestellt haben?

„Wenn der Mensch Ursache des Bösen ist, zieht sich Gott dann bei Verfehlungen des Menschen zurück oder greift er ein?
Wenn Gott jedwedes Ding selbst in die Hand nimmt, können wir Menschen uns dann nicht davonstehlen und alles ihm überlassen?
Müssten wir uns dann für unser Tun überhaupt noch rechtfertigen und uns auf die Sünderbank begeben?
Könnte persönliche Schuld überhaupt entstehen, wenn wir doch fremdgesteuert sind?
Bewahrt uns Gott davor, selbst Böses zu tun und/oder verhindert er womöglich, dass Böses an uns geschieht?
Fühlt er sich seiner Schöpfung immer noch verpflichtet oder hat er sie längst aus der Hand gegeben?
Greift er nur von Fall zu Fall ein?
Funktioniert alles nur ein bisschen nach Plan und wiederum ein bisschen nach dem Zufallsprinzip"?

*

Wir erinnern uns an die Ausgangsfrage des Bruders Juniper: Zufall oder Plan?

Unser Franziskanermönch klopfte nun an Tür und Tor und befragte solche Menschen, die jemanden unter den Brückenopfern gekannt hatten.
Er hatte einen Fragebogen entworfen und wies den Opfern in puncto *Güte, Frömmigkeit und Nützlichkeit im Familienkreise* in Auswertung der

Befragungsergebnissse Skalenwerte von minus zehn bis plus zehn zu.

Und was kam dabei heraus?
Wenig bis nichts!

Sowohl Böses und Mittelmäßigkeit als auch Gutes waren unterschiedslos in den Tod gestürzt.

*

Die katholische Kirche Perus hielt Bruder Junipers Untersuchungen für ein Machwerk des Teufels und verbrannte den Mönch mitsamt seinem Buch auf einem Scheiterhaufen in Lima. Zweimal beschwor Juniper den *Heiligen Franziskus,* dann ergab er sich dem Flammentod mit einem Lächeln auf den ersterbenden Lippen.
Er als Person war ausgelöscht – nicht jedoch seine Fragestellung:
Zufall oder Plan?

(J.H., Gemeindeblatt Mariendorf-Süd 01/02; gekürzt und neu bearbeitet 02/2022)

Übernatürliche Heilkräfte

In einem frühmittelalterlichen Bericht von *Gregor von Tours* lesen wir, dass die Stadt *Marseille* im 6. Jahrhundert schwer von der Drüsenpest heimgesucht worden sei.

Und wir erfahren vom fränkischen *König Gunthramm,* der seinem Volk befohlen habe, mit der größten Andacht in der Kirche Bittgebete abzuhalten und nichts anderes als Gerstenbrot und reines Wasser zu sich zu nehmen.

Wie ein „Bischof des Herrn" habe König Gunthramm drei Tage lang um das Erbarmen Gottes gebetet, der, wie er fest glaubte, alles zu einem guten Ende führen würde.

Da geschah es, dass eine Frau, deren Sohn vom viertägigen Fieber geplagt worden sei und auf seinem Bette schwer darniederlag, sich in dem Gedränge des Volkes dem König von hinten genähert und heimlich einige Fransen von seinem Königsmantel abgerissen habe; diese habe sie dann in Wasser gelegt, ihrem Sohn von diesem Sud zu trinken gegeben – und sofort sei das Fieber erloschen und der junge Mann geheilt gewesen.

Welch ein Charisma, welch eine geradezu göttliche Gnadengabe, die da von König Gunthramm ausging! Gunthramm konnte heilen, er, der Träger des Königsheils!

*

Der *Evangelist Matthäus* berichtet uns von den Wunderheilungen, die *Jesus von Nazareth* vollbrachte: er heilte einen Aussätzigen und von bösen Geistern *Besessenen*; einen *Gelähmten*; einen *Stummen* und zwei *Blinde*.

In das Haus des Petrus sei er gegangen und dort habe er dessen Schwiegermutter mit Fieber im Bett vorgefunden. Er habe ihre Hand berührt – und das Fieber sei verschwunden. Mehr noch: sie sei aufgestanden und habe ihn bewirtet.

Welch ein Charisma, welch eine göttliche Gnadengabe, die da von Jesus Christus – auch er ein König – ausging. Jesus konnte heilen, er, (nach christlichem Verständnis) der Träger des Heils Gottes!

*

Von zwei Männern war bisher die Rede, die zu verschiedenen Zeiten lebten – durch ein halbes Jahrtausend getrennt.

Von zwei Trägern des Heils unterschiedlicher Art. Beide konnten verblüffen und über die Beiden wunderte man sich.

Beide wurden verehrt, nicht zuletzt, weil ihnen eine wundersame Ausstrahlung eignete.

Von beiden Männern und ihren übernatürlichen Heilkräften habe ich zwar nacheinander, aber in historisch umgekehrter Reihenfolge, erzählt. Manches aus dem zweiten Bericht klingt wie ein Echo des ersten nach.

Gunthramm starb im Jahre 592 und niemand redet mehr von ihm, dem königlichen Wunderheiler.
Jesus starb den Kreuzestod. Selbst nach zwei Jahrtausenden ist Jesus immer noch die Mitte der Christenheit. Im Römerbrief (Röm 14,9) sagt der *Apostel Paulus*, Christus sei gestorben und lebendig geworden um Herr zu sein über Tote und Lebende.

*

Der damalige Hauptmann, der nach dem Lukas-Evangelium Zeuge der Auferstehung Jesu werden sollte, erschrak und stammelte: „Führwahr, dieser (Jesus) ist ein *frommer Mensch* gewesen (Lukas 23,47).“

Fromm war König Gunthramm auch; auch er war ein Mensch; aber dennoch ist er irgendwie namenlos geworden.
Hätte wirklich jemand von Gunthramm gesagt, er sei Gottes Sohn gewesen, wie es beim Evangelisten Markus (15,39) über Jesus heißt?

Welche Schlussfolgerungen ließen sich überdies aus den geschilderten Wunderheilungen ziehen?
Welchen Stellen- und welchen Erkenntniswert im Glaubensgeschehen nehmen sie ein?

*

Die Auferstehung ist Kern- und Angelpunkt des christlichen Glaubensbekenntnisses.
Sie ist Trost und Hoffnung für viele Menschen.

Es gibt keine Belege oder Beweise, auf denen dieser Glaube fußen könnte. Auch die Sinnfrage bleibt ungelöst.
Ein Blick ins Transzendente will uns nämlich nicht gelingen.

Allen von König Gunthramm und Jesus Christus Geheilten stand der irdische Tod noch bevor. Die Heilungen gewährten ihnen zwar eine Atempause, einen Gewinn an Lebenszeit, aber der Tod war ihnen dennoch gewiss und er steht uns allen bevor!

Bis dahin können wir uns gegenseitig ein weitgehend eigenbestimmtes und glückliches Leben wünschen, das uns mit Dankbarkeit erfüllt.

(J.H. 04/1999 Gemeindebrief Mariendorf-Süd; völlig neu bearbeitet 03/2022)

Lob der Freundschaft und der Musik

Wisst Ihr noch, wie es geschehen,
Dass für uns, ganz unbesehen
Ein Plan – ein Traum – wohl wurde wahr,
Als wir uns trafen letztes Jahr?

Wir wussten nicht – soll'n wir's nun wagen?
So ohne Leitung? Rasch verzagen?

Doch

Was man nicht tut, man auch nicht schafft!
So gab das Ziel uns reichlich Kraft
Euch zu treffen, Euch zu sehen,
Hände reichen und verstehen.

Und *Micha* kam herbeigereist
Zu helfen uns, die wir verwaist.
Dies war für uns ein großes Glück,
An das wir denken gern zurück.

„Hast Du die Wahl, hast Du die Qual!"
Sagt uns der Volksmund sonder Zahl.
René zu wählen fiel nicht schwer.
Wir geben ihn auch nicht mehr her!

So singen wir und musizieren.
Hernach hört Ihr uns tirilieren,

Wenn's in uns lautstark singend klingt,
Voll Harmonie die Seele schwingt.

Musik macht weinen – sie macht lachen.
Mit ihr ist's wie mit vielen Sachen:
Mit Maßen kosten ist Genuss,
Nur Überdosis bringt Verdruss.

Musik an sich gibt Trost und Mut,
Verbindet Menschen, sie tut gut.
Allerorten bringen Chöre
Gott und Menschen Freud und Ehre.

Es führte uns vom Land der Spree
Nach *Porta* hin der ICE.
Wie gern sind wir zu Euch gekommen!
Wie lieb habt Ihr uns aufgenommen!

Drum: Jederzeit mag es geschehen,
Dass wir uns fröhlich wiedersehen.
Ein Band verknüpft uns, lang und weit
Ein Band, umspannend Raum und Zeit.

Zur Erklärung:

Der damalige Chorleiter der Kantorei Mariendorf-
Süd, *Stephan Harder*, hatte Berlin in Richtung *Ahlen*
verlassen. *Michael Bergsiek*, Chorleiter in Porta
Westfalica, hatte uns in Berlin besucht, mit uns

geprobt und unseren Choraufenthalt dort für uns geplant.

Nachdem wir *René Schütz* zum neuen Chorleiter gewählt hatten, machten wir uns gemeinsam unter seiner musikalischen Leitung auf die Reise.

Das im Gedicht beschworene verknüpfende Band – wo ist es nur hin?

(J.H.; zu unserem Chortreffen in *Porta Westfalica* vom 07.bis zum 09.Mai 1999)

Landes-Chortag 2000 in Berlin und musikalische Vesper

Um es gleich vorwegzunehmen: an einem **Landes-Chortag** hatte unsere *Kantorei Mariendorf-Süd* damals noch nie teilgenommen.

Aber seit langem wussten wir: am 23. September 2000 würde in der Kaiser-Wilhelm-Gedächtniskirche die *Nacht der Chöre* stattfinden.

*

Sollte dies eine „Begegnung" der Chöre sein?
Oder eine Leistungsschau im Vergleich?
Oder beides oder keines von beidem?
Würden wir gut genug sein?

René Schütz hatte drei Chorwerke mit uns einstudiert:

Die Gnade unseres Herren Jesu Christi von *Johann Rosenmüller* (geb. 1619),
Herr, tue meine Lippen auf von *Siegfried Reda* (geb. 1916) und
das eher zeitgenössische *Verleih uns Frieden gnädiglich* von *Wolfgang Stockmeier*

Wer unseren Chor am Erntedanktag mit diesen Werken gehört haben sollte, hätte bestätigen können, dass alle drei Stücke ihre Schwierigkeitsgrade haben – seien es die Tempi, die Intonation und Chromatik oder die ungewohnten Klänge überhaupt.

Nach einem Kantatengottesdienst mit Predigt und einigem Zeitverzug begann die „Nacht der Chöre" um 19.20 Uhr. Die Besucher in der vollbesetzten Kirche konnten nun die Beiträge von insgesamt 25 Chören erleben. Ein Mammutprogramm.
Jeder Chor hatte 10 Minuten Zeit zum Vortrag, wobei entweder vor dem Altar oder auf der Empore Aufstellung genommen wurde. Jeweils 20 Minuten waren vorgesehen, in denen sich jeder Chor einsingen konnte. Unsere Kantorei traf sich mit einigen Sängerinnen und Sängern zur Verstärkung um 22.30 Uhr vor dem Eingang zum alten Glockenturm. Nach dem Einsingen stiegen wir die rechte Wendeltreppe zur Empore hoch und warteten dort geduldig auf unseren Sitzkissen, bis

die Vereinigten Gospelchöre (es fand parallel zum Landes-Chortag ein Treffen von Gospelchören aus unterschiedlichen Regionen statt) ihre mitreißenden Spirituals vorgetragen hatten.

Die Akustik im Kirchenraum ist seit jeher sehr trocken und direkt, ohne Nachhall und spröde.

In kurzen Einführungen stellte *Lothar Kirchbaum,* der Landessingewart, die einzelnen Chöre vor. Zu Beginn *unseres* Beitrages bereitete er die Zuhörer auf ungewohnte Klangmischungen vor und riet ihnen, ihre Hörgewohnheiten ein wenig umzustellen.

Wir sangen sehr konzentriert, mit viel Freude und Erfolg.

*

Was ist eigentlich eine „Nacht der Chöre"? Da hatten sich Chöre aus Berlin und dem Land Brandenburg gemeldet, wie z.B. die Berliner Domkantorei unter *Herbert Hildebrandt,* die den Reigen eröffnete. Oder die *Kantorei der evangelischen Kirchengemeinde Storkow*, die gegen Mitternacht an der Reihe war; da traten auf der *Mädchenchor der Singschule Babelsberg* mit etwa 10 Sängerinnen oder die *Kinder- und Jugendkantorei Fürstenwalde* mit etwa 75 Teilnehmern - so spät noch?

Da gab es Chöre im Bereich der Landeskirche, die gar keinen eigenen Kantor hatten wie z.B. der *Kirchenchor der evangelischen Kirchengemeinde Leuthen/Schorbus* unter der Leitung ihres Pfarrers. Anderswo arbeiteten haupt-, neben- oder ehrenamtliche Kirchenmusiker. Kein Wunder, dass da musikalischer Anspruch und qualitative Ausführung ganz unterschiedlich waren, aber sie waren dennoch zum Lobpreis geeignet – allemal!

*

Am Sonntag, 24. September 2000, nahmen wir an der Vorbereitung einer **Musikalische(n) Vesper** im Berliner Dom teil. Rechtsaußen saßen die Bässe, links außen die Tenöre und in der Mitte halb links der Sopran und halb rechts der Alt. Hinzu gesellten sich zwei Favorit-Chöre, nämlich die *Lukas-Kantorei Steglitz* und der *Cottbusser Motettenchor*. Wir waren insgesamt mehrere hundert Sängerinnen und Sänger. Nach einem Grußwort von *Christian Schlicke,* dem Landeskirchendirektor, übte *Winfried Radecke* (geb. 1940) mit uns sein Auftragswerk der Evangelischen Kirche (*Missa ex tempore – Der du die Zeit in Händen hast*), eine Missa brevis für zwei Favorit-Chöre, Groß-Chor, Kinderchor und Instrumente. Er bemühte sich redlich.
Als teilnehmender „Groß-Chor-Tenor" hatte ich rhythmisch mitzusprechen („Denn tausend Jahre sind vor dir wie der Tag, der gestern vergangen ist, und wie eine Nachtwache"), auf Bestellung in höhnisches Gelächter zu verfallen und zu singen.
Die Akustik im Dom lässt die Stimmen verschwimmen.
Dank der rudernden Armbewegungen des Dirigenten konnte dieses Konglomerat der Stimmen offenbar halbwegs zusammengehalten werden, aber welche Art Lobgesänge da nun zum Deckengewölbe strebten, war eher zu erahnen als

akustisch exakt wahrzunehmen. Die Probe zog sich über zwei Stunden hin und bevor wir uns zu den Kaffee- und Kuchentischen begeben konnten, hatten wir noch mit Lothar Kirchbaum den Schlusschoral der Bach'schen Kantate Nr. 112 *Der Herr ist mein getreuer Hirt* einzuüben.

Es war ein sonniger Nachmittag mit einer Straßenveranstaltung *Unter den Linden* und am neugestalteten *Lustgarten*.
Die letzten Ausflugsdampfer zogen am Dom vorbei und auf dessen Freitreppen begeisterten die Gospelchöre vom Vortag die Zuhörer – poppig und peppig. Den Abschluss des Landes-Chortages 2000 in Berlin bildete dann um 18.00 Uhr jene eingangs erwähnte musikalische Vesper mit einer Predigt des Landesbischofs *Prof. Dr. Wolfgang Huber*.

Ob es eine Chor*begegnung* war?

Diese Frage beantworte ich mit einem klaren Nein. Aber wie bei allen Großveranstaltungen bleibt es jedem Teilnehmer selbst überlassen, mit seinem Sitznachbarn irgendwie in Kontakt zu treten – sei es durch einen freundlichen Blick, mit der belanglosen Frage nach dem *Woher* des Anderen oder meinetwegen nach dem Programmablauf.
Trotz des ständigen Kommens und Gehens zu nächtlicher Stunde haben wir einander, so gut es ging, zugehört und gegenseitig mit unserem Beifall pflichtschuldigst gedankt und Anerkennung gezollt. Irgendwie war es aufregend, vielleicht auch ein Gemeinschaftserlebnis ohne größere Tiefe; denn

nach mehr als 20 Jahren kann ich mich an diese musikalische Großveranstaltung eigentlich nur noch schwach und nur mit Hilfe meiner schriftlichen Aufzeichnungen von damals erinnern.

Aber ja, wir waren dabei, sind fröhlich nach Hause gegangen und ich glaube, mein Herz hat leise gelacht – hat es doch, oder?

(J.H., Gemeindeblatt Mariendorf-Süd 11/2000;
bearbeitet und gekürzt 02/2022)

Der „Messias" kam bis Tempelhof

Am 31.Mai 2003 erklang im Rahmen des 1. Ökumenischen Kirchentages hier in Berlin der *Messias* von *Georg Friedrich Händel (1685 – 1759)* in der Martin-Luther-Gedächtniskirche in Berlin-Mariendorf.

Angenommen, wir hätten einer Sängerin oder einem Sänger aus den vereinigten Kirchenchören der katholischen Gemeinde *Maria Frieden* und der *evangelischen Gemeinde Mariendorf* drei beliebige Fragen stellen können – darf ich sie stellvertretend formulieren und selbst beantworten??

Vielleicht erstens:

Seit wann singen Sie überhaupt?

Nun, seit meinem Stimmbruch Mitte der 50er – mit einer längeren Unterbrechung, als unsere Kinder klein waren.

Vielleicht zweitens:

Was bedeutet Ihnen das Singen?

Wissen Sie, Singen verhilft uns zum richtigen Atmen und löst unsere inneren Spannungen und Verkrampfungen.
Wir lernen mit unserer Stimme umzugehen, uns auf eine bestimmte Sache zu konzentrieren und selbst an scheinbaren Kleinigkeiten beharrlich zu üben – ohne Garantie, dass es am Ende auch wirklich fehlerlos klappt.
Singen wird zur echten Herausforderung, sobald es um die Erarbeitung schwieriger musikalischer Literatur geht.
Singen in einer Chorgemeinschaft verbindet Menschen miteinander, die auf ein gemeinsames Ziel hinarbeiten, ein Ziel, das sie dem fröhlichen Grau des Alltags ein wenig entrückt.
Singen stiftet Gemeinschaft und gemeinsame Erinnerungen.
Die gesungenen Texte sind zumeist Botschaften.

Lange Zeit habe ich das Singen und Musizieren für ein primär soziales Phänomen gehalten. Singen tue uns allen gut; aber wir müssen zugeben, dass der Anspruch des musikalischen Werkes und die

Qualität der Aufführung nicht einfach beiseite gewischt werden dürfen; denn welcher Chor kann schon stolz sein auf eine allenfalls drittklassige Leistung?

Kein *Wir–Gefühl* ohne Leistung und ständige Leistungsbereitschaft und koste die Vorbereitung eines großen Werkes auch hundert Stunden und mehr.

Am Samstag, 31. Mai 2003 war es, wie eingangs berichtet, endlich so weit:

Friedrich Wilhelm Schulze begleitete uns am Cembalo.

Michael Streckenbach hatte die Gesamtleitung übernommen und dirigierte das Heer der Chorsänger, der Musiker eines Kammerorchesters und der vier Solisten. Dicht gedrängt standen wir Sängerinnen und Sänger der beiden Nachbargemeinden auf der Podiumsbühne im Altarraum unserer Kirche. Etwa zwei Drittel der zunächst etwa neunzig Sängerinnen und Sänger kamen aus Maria Frieden, das andere Drittel von uns. Weitere Gastsänger hatten sich auf Bestellung „landesweit" dazugesellt, so dass am Ende der Platz kaum ausreichte und es im Gedränge eng und heiß wurde.

Nun zur vermutlich dritten Frage:

Was ist das Besondere an dieser Form musikalischer Zusammenarbeit gewesen?

Nun, zwei Kantoren hatten mit uns geprobt – einmal getrennt, einmal gemeinsam.

Diese Form der musikalischen Kooperation geschah ganz im ökumenischen Geist; von beiden Seiten wohlwollend getragen, harmonisch und ohne Konkurrenzgehabe, ganz dem musikalischen Anliegen dienend.

Diese Zusammenarbeit hat uns bereichert und Sicherheit gegeben. Sie hat *uns* Mut und *sich* bezahlt gemacht.

Wir haben uns zusammengefunden, uns gegenseitig wahrgenommen und aufeinander gehört – gehört auf den Nachbarn, auf die andere Stimme, auf den gesamten Chor. Wie anders sollte auch ein homogener *Sound* aus einem Guss entstehen? Dieses Miteinander war für alle Teilnehmenden ein beglückendes Erlebnis.

Allerdings sollten wir nicht zu viel voneinander erwarten.

Wir konnten schon damals schwerlich sagen, dass am Ende hundert Sänger zu hundert Freunden geworden seien. Damit wären wir wohl entschieden überfordert gewesen. Vielleicht genügte es schon, dass wir miteinander auf das dasselbe Ziel hingearbeitet hatten, nämlich die gemeinsame Aufführung vor vier- bis fünfhundert Zuhörern zum Erfolg zu bringen.

Wir haben uns danach aus den Augen verloren und würden uns im Einzelfall auf der Straße kaum wiedererkennen. Wir ändern uns ja auch im

Aussehen und – wie viele menschliche Kontakte kann eine jeder von uns überhaupt bewältigen? Schade? Nein, so ist das eben.

Der Messias war als Oratorium nach Mariendorf im Bezirk Tempelhof gekommen. Würde ich heute gefragt, welche inhaltlichen Aussagen denn da, musikalisch verpackt, getroffen wurden, so würde ich ausweichend sagen, dass geistliche Chormusik grundsätzlich wohlbekannte biblische Geschichten oder kirchliche Anliegen musikalisch einkleidet und kunstvoll zu Gehör bringt – Geschichten, die Geschichte gemacht haben und Anliegen, die uns Wege weisen sollen.

(J.H. Gemeindebrief Mariendorf 07/2003; b. 03/2023)

Iberia

Wo liegt **Mallorca** denn genau?
Das weiß doch wirklich keine - - Frau
Und nenne mir *den* Mann,
Der's uns auf Anhieb sagen kann.

Sonnenschein und volle Strände,
Bettenburgen ohne Ende.

Die Umwelt geht dort vor die Hunde,
Was sichtbar wird von Stund' zu Stunde.

Was *Dir* gefällt, würd' *mir* zur Qual,
Säh' ich die Menschen sonder Zahl
So sonnenhungrig – nackte Haut,
Der-ma-to-lo-gisch voll versaut!

Siehst Du vor Dir den wilden Stier
Entfaltend sich als teuflisch Tier?
Nimmst Du ihn dann gezielt auf's Korn,
Spießt er sogleich Dich auf sein Horn.

Torero tot – weil aufgespießt,
Es ist sein Schicksal, wie Du siehst.
Doch glaube nicht, dies wär' die Wende.
Der Stierkampf kennt vorerst kein Ende.

Der nächste Stier schnaubt im Verschlag
Und *Stierkampf* kündet das Plakat!

Der *Jacobsweg* führt Dich zu Dir?
Ist's wirklich so? Sag Du es mir!
Ist's mehr als nur ein Härtetest,
Der *was* in *Dir* entdecken lässt?

Du sagst, Du legst an Dich Dein Ohr,
Doch machst Du Dir nicht etwas vor?
Du wartest, ob es aus Dir spricht?
Was hörst Du? Oder hörst Du nichts?

Mögt halten mich für provinziell,
Doch eines ist mir essentiell:
Ich reise gern im Heimatland,
Mir allerorten unbekannt!

Es bleibt noch Vieles zu entdecken,
Hier und dort – an allen Ecken.

Und doch…

Heute hier und morgen dort,
Heim- und Fernweh wirken fort.

Roter Wein und edle Trauben,
Ob Fernweh will den Schlaf mir rauben?
I-be-ri-a, wie sag ich's nur?
Prost Lebenslust und Freude pur!

(J.H. „Spanischer Abend" in der Gropiusstadt 2019)

Unterwegs zum Sonntag *Okuli – 11.03.2007*

Ein Zertifikat vom 22.04.2007 bestätigt mir, dass ich an sieben Kurstagen zwischen September 2006 und April 2007 am *Ausbildungskurs für Lektoren und Lektorinnen* erfolgreich teilgenommen habe und fortan befähigt sei zur *selbstständigen Leitung von*

Predigtgottesdiensten auf der Basis einer Lesepredigt im Bereich der Ev. Kirche Berlin-Brandenburg-schlesische Oberlausitz.

Die Leitung dieses Kurses lag bei Pfarrerin *Gabriele Fichtenhofer,* Pfarrer *Dr. Isbert Schultz-Heienbrok* sowie des Studienleiters Herrn *Dr. Philipp Enger.* Letztgenannter war früher einmal mein Oberstufen-Schüler an der Werner-von-Siemens-Oberschule (Gymnasium) in Berlin-Nikolassee gewesen, eine Tatsache, die mir bis zum Schluss des Kurses ein Geheimnis geblieben und dann von ihm selbst gelüftet worden war.

Diese Urkunde trägt außerdem noch die Unterschrift des Generalsuperintendenten *Martin-Michael Passauer*, der für uns Absolventinnen und Absolventen den Aussendungsgottesdienst am Sonntag, 22. April 2007 um 10.30 Uhr, in der Martin-Luther-Gemeinde in Berlin-Pankow hielt.

Lebhaft im Gedächtnis geblieben sind mir unsere *Erfahrungsübungen mit Körper, Stimme und Raum.* Hierbei ging es um die *Liturgische Präsenz.* Unvergesslich bleiben mir ebenso die Vorbereitung und die Durchführung eines Übungsgottesdienstes in der Martin-Luther-King-Kirche. Pfarrer *Ulrich Helm* war damals mein hilfreicher Mentor vor Ort in der Gropiustadt.

Hier nun folgt meine damalige Predigt:

Wie oft sind wir schon ins Stolpern gekommen, weil wir an einen Stein gestoßen sind, den wir mit unseren **Augen** nicht wahrgenommen haben?

Wir beobachten im Park die Entstehung eines Familienfotos. „Cheese", sagt der Fotograf gedehnt und alle Gesichter strahlen. Wir lächeln, zeigen unsere Zähne und automatisch strahlen auch unsere **Augen**, je nach Alter manchmal von Lachfältchen umrahmt.

Wir werden nach unserer Meinung gefragt. Nehmen wir uns Zeit für die Antwort, so wird uns diese gedankliche Atempause womöglich als Skepsis oder gar als Ablehnung ausgelegt.
Mimik und Gestik sind verräterisch und wenn jemand sagt, unsere Meinung stehe uns ins Gesicht geschrieben, dann sind es wohl am ehesten unsere **Augen**, die unsere Gefühle preisgeben.
Augen können „sprechen" und Seelenregungen wie Trauer oder Freude, Sympathie oder Antipathie, Zorn oder Güte ausdrücken.
Wenn wir träumen, dann entstehen Bilder vor unseren **Augen** und wenn der Traum unerträglich wird, wachen wir schweiß- oder tränengebadet auf.

Vor einiger Zeit zeigte mir meine Frau ein Aquarell, gemalt von einem seit Geburt erblindeten jungen Mann ihres Freizeitclubs in einer Werkstatt für Menschen mit Behinderung in Adlershof. Ganz klar erkennbar in ihren adäquaten Farbwerten waren auf seinem Bild der Himmel, ein Baum und ein Haus.

Als die Mutter dieses Bild ihres Sohnes sah, schossen Tränen der Rührung aus ihren **Augen.**

Unsere Augen nehmen die Dinge perspektivisch wahr und wenn wir mit einem Kind sprechen, dann gehen wir oft in die Hocke um mit ihm auf gleicher **Augenhöhe** zu sprechen.
„Von oben herab" redet es sich nicht so gut miteinander; also setzen wir uns zu dem Kranken ans Bett um mit ihm **Auge in Auge** zu sprechen.

Unsere **Augen** nehmen die Umwelt wahr. Sie sehen die soziale Not um uns herum und am liebsten würden wir sie in solchen Situationen oft verschließen. Sie helfen uns, Geschriebenes zu lesen sowie Gefahren zu erkennen und wer sich verliebt, wird schnell „blind vor Liebe".

Thomas *Hobbes*, ein englischer Philosoph, war Anhänger des kinematischen Weltbildes. Dieser Begriff taucht im Wort „Kino" auf, d.h., wir sehen bewegliche Bilder hintereinander, heutzutage 24 Stück pro Sekunde. Hobbes meinte, unsere **Augen** nähmen die einzelnen Bereiche der Außenwelt (z.B. eine Person oder ein Juwel) wahr und diese Sinneswahrnehmungen würden durch Sehnen und Membrane in unser Nervensystem geleitet, welches wiederum unsere Reaktionen auslöse. Gefährlich werde es jedoch, wenn mehrere Menschen zugleich derselben Sinneswahrnehmung erlägen; denn dann würden sie dasselbe begehren (oder ablehnen) und das Chaos lasse demzufolge nicht mehr lange auf sich warten. Schnell würde der Eine des Anderen

Wolf und in dieser Wolfsgesellschaft zu leben sei der Vorhof zur Hölle.

Der dritte Sonntag der Passionszeit heißt (lat.) „Okuli", übersetzt **„Augen"**. Als Leitvers schlägt das evangelische Gottesdienstbuch den Psalm 25,15 vor:
„Meine **Augen** sehen stets auf den Herrn! Denn er wird meinen Fuß aus dem Netze ziehen".
In einer anderen Lesart heißt es: „Meine **Augen** blicken immer zum Herrn! Er wird meine Füße aus dem Fangnetz ziehen".
Dies ist eine metaphorische, eine bildhafte Sprache. Literaturwissenschaftler würden diese Sprache als „uneigentlich" bezeichnen, d.h., wir können sie nur im übertragenen Sinne verstehen. Würden wir sie im direkten Sinne verstehen wollen, könnten wir das Gesagte bildlich darstellen und begäben uns auf dünnes Eis!
Wir dürfen uns jedoch kein Bild von einem wie immer gearteten Gott machen; also müssen unsere **Augen** ihm gegenüber verschlossen bleiben.

Was könnte der Psalmist meinen? Er richtet sein Hoffen, sein Vertrauen, sein Leben auf die unsichtbare Größe – auf Gott – aus, dem er mehr zutraut als sich selbst.
Stellen wir uns einen Taucher vor, der sich mit seinem Fuß unter Wasser in einem Schleppnetz verfängt und nicht mehr auftauchen kann. Was wird er unter Waser tun?

Im günstigsten Falle wird er ein Stoßgebet in Richtung Wasseroberfläche blubbern, Ruhe bewahren, den Atem anhalten und, siehe da…

Ein weiterer Lehrvers steht im Psalm 34,16: „Die **Augen** des Herrn merken auf die Gerechten und seine Ohren auf ihr Schreien".
In einer anderen Übersetzung heißt es: „Der Herr hat ein offenes Ohr für ihre Bitten".

Wir Menschen können immer nur in jenen Begriffen denken, die uns zur Verfügung stehen. Überall eröffnen sich unserem Denken und unseren Vorstellungen Erkenntnisgrenzen.

König David schreibt Gott **Augen** und Ohren zu – etwa so wie bei uns Menschen? Der Psalm ist thematisch überschrieben mit den Worten „Von Ängsten befreit". Von Gottvertrauen ist hier die Rede, von Sicherheit im Schoße Gottes, von seiner Güte; von ihm, der rettet und den Betenden nicht enttäuscht. (Dürfen wir aus skeptischer Sicht die ganze Sache womöglich ein wenig kritischer und mit Vorbehalten sehen?)

Vor vielen Jahren schrieb der französische Schriftsteller *Antoine de Saint-Exupéry* (1900 – 1944) seine märchenhafte Erzählung „Der kleine Prinz". Der Fuchs verrät dem kleinen Prinzen beim Abschied (s)ein Geheimnis:
„Man sieht nur mit dem Herzen gut. Das Wesentliche ist für die **Augen** unsichtbar".

Vielleicht können wir am Sonntag Okuli sehenden **Auges** in übertragenem Sinne sagen, dass unser Herz himmelwärts schlägt.-

*

In meiner „Karriere" als Lektor habe ich lediglich zwei weitere Predigten gehalten, eine in *Zernsdorf* und eine in der Gropiusstadt. Danach habe ich es sein gelassen. Wenn ich heute (2023) die obige Predigt selbstkritisch lese, so frage ich mich nach ihrer *unvergesslichen* Botschaft – und ich finde keine; vielmehr erscheint mir das Gesagte letztlich so theoretisch wie eine akademische Abhandlung. Sie ist zwar handwerklich bemüht, aber wohin soll die praxisnahe Reise gehen?
Sie zeigt mir aber auch, wie schnell wir uns in unseren Gedankenspielen verheddern können – umso mehr, desto weniger wir eine reale Predigtvollmacht in uns verspüren.

*

Nach meiner externen Abiturprüfung im Jahre 1963 stand ich bei der Berufswahl vor der Frage, ob ich Arzt, Berufsoffizier, Pfarrer oder Gymnasiallehrer werden solle.

Ich habe die Studienratslaufbahn eingeschlagen und diese Entscheidung nie bereut.

(J.H., Mariendorfer Gemeindebrief 03/2007; b. 04/2023)

Als *Lektor* und als *Moderator unterwegs*

Ein *Lektor* ist laut Duden ein *Lehrer für praktische Übungen* (in neueren Sprachen) an einer Hochschule.
Demzufolge war ich wohl in den 70ern als *Lehrbeauftragter für Englische Syntax* Lektor an der FU.

Ein Mitarbeiter eines Verlages, der als Lektor die eingehenden Manuskripte prüft und bearbeitet, war ich nie.

In der evangelischen Kirche sind es Lektoren, die Lesegottesdienste halten. Dieser Teil der Definition trifft abermals auf mich zu.

Die evangelische Landeskirche (EKBO) bildet in besonderen Kursen Lektorinnen und Lektoren aus. Sowohl unsere Tochter als auch ich haben schon Lesegottesdienste gehalten.
In einer Lesepredigt trägt ein Lektor die Gedanken eines examinierten Theologen vor, wobei er aus etwa sechs Vorschlägen im Internet eine bestimmte Lesepredigt auswählen muss, diese jedoch ergänzen oder in Teilen verändern darf; aber letztlich sind es geistliche Früchte, die nicht auf seinem eigenen Acker gewachsen sind und zuweilen ist es schwer, sich mit den Gedanken und der Vortragsweise Anderer zu identifizieren und diese Botschaft dann auch noch voller Überzeugung als Eigengewächs vorzutragen.

Mir war dieses Verfahren damals zu fremdbestimmt und es entsprach nicht meinem Selbstverständnis.

*

Wer etwas **moderiert,** führt zum Beispiel im Rundfunk oder im Fernsehen durch eine Sendung. Er wird damit zum **Moderator**. Möglicherweise kann man sich auch zum Moderator ausbilden lassen – oder man wächst irgendwie eher laienhaft in diese Rolle hinein.
Ein Moderator begrüßt und verabschiedet das Publikum. Er lädt die „Künstler" mutmachend ein und dankt ihnen für den erfolgten Beitrag. Er schlägt den Bogen zwischen einzelnen Programmpunkten und manchmal verknüpft er sie auch miteinander. Er informiert die Zuhörerschaft über Wissenswertes - mal heiter, mal ernst. Er weckt ihr Interesse, stillt ein wenig ihre Neugier in Bezug auf das, was da auf der Bühne auf sie zukommt, wirbt um ihr Verständnis und hebt ihre Stimmung hin zum Applaus. Er ist ein wichtiges Bindeglied, weil er Nähe schafft zwischen dem Publikum und den „Künstlern" und dem, was Letztere vortragen.

Gelegentlich habe ich in Kirchen musikalische Veranstaltungen moderiert.
Dann gab es da aber (vor Corona) das alljährliche Senioren-Chorfest im *Britzer Garten* zu organisieren und zu moderieren.

Diese Aufgaben hatte ich von meiner Frau übernommen; denn *sie* war ursprünglich die Initiatorin dieser Veranstaltungen gewesen.

*

Ob nun als Lektor oder als Moderator – wir müssen in beiden Fällen vor ein Publikum treten.
Wir müssen uns sorgfältig vorbereiten; denn wir sollten schließlich vorab verstehen, was wir am Ende verständlich zu sagen haben.
Wir müssen alle Ängste und jegliches Lampenfieber überwinden und „es" sollte aus uns selbst heraus sprechen.
Moderieren kann Freude bereiten.

(J.H. 04/2023)

Auf Fischfang in Norwegen

Fische fangen – so hatten es *Silke* und *Andi* des Öfteren mit ihren zahlreichen Gästen auf ihren Kindergeburtstagen gespielt, aber nie wäre es uns als Eltern in den Sinn gekommen, dass wir eines Tages einmal richtige Fische fangen würden – in Norwegen, wohl weit mehr als tausend Kilometer von Berlin entfernt, im Hinterland von *Molde,* aber noch südlich von *Trondheim.*

Nach Norwegen in Urlaub fahren, das heißt doch: auf Fischfang gehen, keine faule Fliege machen, sondern aktiv werden. Und so hatte uns manch Wohlmeinender bei Reiseantritt im Sommer des Jahres 1986 *Petri Heil* gewünscht. Mir jedoch war der Gedanke, Tiere mit eigener Hand vom Diesseits ins Jenseits zu befördern, als bestialisch und abwegig erschienen. Dabei aßen wir damals alle viere gern Fleisch und Fisch, aber hätten wir die zu verzehrenden Tiere zuvor selber schlachten müssen, so wären wir wohl auf der Stelle zu Vegetariern mutiert. Wir waren eher „Gabeltäter" als „Messerschlächter" und litten dabei unter weit weniger Schuldgefühlen, auch wenn unsere Ansichten letztlich einer gewissen inneren Logik und moralischen Gediegenheit entbehrten.

Die Zukunft würde über unsere weiteren Essgewohnheiten entscheiden – man würde sehen…

*

Nach vier erlebnisreichen Reisetagen waren wir erschöpft und müde in *Øydegard* angekommen. *Sigrid Fløistadt*, unsere freundliche und verwitwete Wirtin von nebenan, hatte uns kaum ihr gemütliches und großzügig eingerichtetes Ferienhaus am Fjordufer gezeigt und den Schlüssel übergeben, als Silke (12) und Andi (10) auch schon flugs auf den Bootssteg eilten um unser Ruderboot zu inspizieren. Noch war es fest draußen mit der Boje vertäut und schaukelte plätschernd in den Wogen des Fjordarmes, in sicherem Abstand zu den Holzpfählen des Steges. Das Wasser war kalt und klar und gab den Blick frei auf eine wuchernde Unterwasserwelt, bestehend aus Farnen, die sich in der Strömung wiegten. Die Felsen fielen steil vom Ufer ab und waren bei Ebbe mit einem breiten Uferkranz bräunlichen Seetangs bedeckt. Unserm Bootssteg gegenüber lagen mehrere kleinere unbewohnte Felseninseln, deren Nadelbäume sich deutlich von der noch hellen Abendsonne abhoben

„Du, sieh' mal, das ist ja gar kein Ruderboot! Das ist doch ein Motorboot!"

„Na ja, man kann damit auch rudern, aber den Motor müssen wir unbedingt ausprobieren!"

Diese Phase des Testens und Erprobens nun sah ich mit klarem Auge *auf mich* zukommen. In mir regten sich Widerstände; denn ich war mir überhaupt nicht im Klaren, ob ich diese Feuerprobe bestehen würde. Schließlich hatte ich noch nie ein Motorboot besessen, geschweige denn gelenkt. Da gab es sicherlich komplizierte Betriebsanleitungen zu studieren und vor allem – zu verstehen! Wie oft hatte ich erfahren müssen, welche Schwierigkeiten mir das Verständnis von Gebrauchsanweisungen zu bereiten pflegte.

Ich konnte Silke und Andi nicht abweisen, aber ich musste Zeit gewinnen und bat um milden Aufschub, indem ich sie hinzuhalten versuchte. Ja, natürlich, das Motorboot müsse ausprobiert werden; denn schließlich hatten wir es ja mitgemietet! Wir müssten uns jedoch Zeit nehmen für die Betriebsanleitung. Natürlich würde ich ihre momentane Enttäuschung verstehen; aber wir müssten uns schließlich voll konzentriert in die Betriebserklärung hineinknien – wir alle – und zwar ausgeschlafen und nicht so müde wie jetzt. Also in der Frühe des kommenden Tages. Trotz der Ferien sei es ohnehin Zeit zum Schlafengehen. Außerdem sei noch das Geschirr zu spülen und das Gepäck müsse entladen und in die Zimmer eingeräumt werden.

Wieder einmal fiel es mir schwer, meine Ängste hinter scheinbarer väterlicher Entschiedenheit und Konsequenz zu verbergen.

*

Der folgende Morgen brach an und die Kinder sowie mein eigener Ehrgeiz blieben unerbittlich. Die Betriebsanleitung war handschriftlich auf Deutsch verfasst und zunächst studierte ich sie in einem ruhigen Augenblick ganz für mich allein. Dann las ich die zehn Hinweise halblaut gemeinsam mit Andi durch, mehrmals, und immer wieder laut und langsam - um des besseren Verständnisses willen. Später schrieben wir sie ab, aus Angst, das Original könne uns aus Versehen und unwiederbringlich ins Wasser fallen. Handschriftlich Geschriebenes präge sich außerdem besser ein. Andi diktierte, ich schrieb. Mit der Betriebsanleitung in den etwas zittrigen Händen, kletterte ich etwas unsicher die glatten Stiegen zum Boot hinunter, das Silke, in Todesverachtung in dem kalten Wasser schwimmend, inzwischen von der Boje gelöst und zum Steg herangezogen hatte. Sie hielt das eine

Tauende in den Händen, während ich ins Boot einstieg und auf der rückwärtigen Querbank Platz nahm.

Punkt 2 der Anleitung besagte, dass der schwarze Schalter an der linken Seite des Motors auf „N" gestellt werden müsse.

Punkt 3 war dem *Choke* gewidmet. Dieser sollte beim Anlassen zunächst nach links und nach dem Anspringen des Motors sofort nach rechts gedreht werden.

Punkt 4 schließlich schrieb vor, dass beim Starten der Gashebel auf *Start* gestellt werden müsse. Mittlerweile hatten wir alle Schalter und Hebel identifiziert, deren Funktion verstanden und den Motor nach hinten abgekippt, aber wir trieben nun rückwärts mit der Motorschraube nach vorn schnell auf den Uferfelsen zu.

Die ersten Unterwasserstauden begann sich bedenklich im Getriebe zu verfangen – es wurde brenzlig! Andi nahm die Ruder und stieß uns ab. Das Boot war wieder flott. Dann stand er hinter mir und als ich erstmals an der Reißleine zog, da wäre er beinahe rücklings über die mittlere Bootsbank gestürzt, weil er nicht damit gerechnet hatte, dass man beim Reißen der Leine so heftig und weit nach hinten ausschlagen würde.

Er protestierte, ich fluchte leise vor mich hin und versuchte es wiederholt mit der Reißleine – der Motor jedoch gab keinen Laut von sich. Sooft ich auch hektisch und mit bald erlahmenden Kräften zog, er wollte einfach nicht anspringen. Und er konnte auch gar nicht anspringen, hatte ich doch aus unerfindlichen Gründen den Punkt 1 der

Anleitung übersprungen; denn zunächst musste doch die Verbindung zwischen dem Tank und dem Motor hergestellt werden!

*

Der Tank? Geht es denn nicht auch ohne Benzin? Wo war der Tank? Also, Kommando zurück, alle Mann zum Steg, den Tank geholt!

Hoch die Stiegen, hinein ins Bootshaus, heraus mit dem (fast leeren) Tank, hinunter die glitschigen Stufen (hoffentlich rutschen wir nicht aus und der Tank versäuft unwiederbringlich im Wasser), die Verbindung hergestellt, die Bällchen in der Mitte des Benzinschlauches gemäß Punkt 5 zweimal kräftig gedrückt – aber der verdammte Motor will noch immer nicht anspringen!

Mittlerweile befindet sich unsere Familie vollständig im Boot, Andi rudert es geduldig bis in die Mitte des Fjordarmes hinaus und ich versuche mit zunehmender Erbitterung und bald erschöpft immer wieder unverzagt und doch bald frustriert mein Glück. Muss ich sagen, was schließlich geschah? Nichts!

Da – plötzlich ein Zufallstreffer! Der Motor heult gewaltig auf, Andi holt das Ruder ein, der Motor gibt Gas und das Boot schießt ruckartig vorwärts. Ingrid und Silke verlieren den Halt und stürzen beinahe seitwärts über Bord; aber wir haben alles im Griff (auf dem sinkenden Schiff?), die Situation kommt unter Kontrolle, das Boot teilt knatternd das Waser (oder soll ich sagen „die Wasser"?) mit einem schäumenden Wellenschweif. Die Gesichter der strahlenden Sieger nach ihrem Kampf mit den Tücken der Technik hellen sich auf – um sich alsbald wieder zu verdunkeln; denn der Motor säuft ab und tuckert nur noch mit einem besoffenen Glucksen.

Ende – Stille – alles umsonst.

Mit hilflosen Gesichtern rudern wir zurück zum rettenden Ufer, heimwärts zum Steg und fragen einander, was wir falsch gemacht haben.

Ja, was wohl?

*

Hier endet mein handschriftlicher Bericht aus jenen Tagen und um die Geschichte fortzusetzen und zu beenden, muss ich nun nach über 35 Jahren mein Gedächtnis bemühen.

*

In meiner weiteren Erzählung spielen Margit og *Arvid* Olsen aus Jersøy eine entscheidende Rolle. Nach unseren vergeblichen Versuchen, das Motorboot zu starten, zogen wir zu Sigrid Fløistadt, unser Vermieterin. Einige Wochen vor unserer Fahrt nach Norwegen hatte ich im Selbststudium einige Brocken Norwegisch gelernt. Eigentlich waren es nur einzelne Wörter gewesen, die ich jedoch in keinerlei vernünftigen Satzzusammenhang bringen konnte, weil ich die norwegische Syntax nicht beherrschte. Als ich Sigrid Fløistadt jedoch verzweifelt erklärte „*motor stoppet*" begriff sie offenbar, was Sache war.

Sie schickte mich zu *Arvid Olsen aus Jersøy*, der auf ihrem Nachbargrundstück ein Ferienhaus besaß und dort mit seiner Frau seinen Sommerurlaub verbrachte. Er war damals SAS-Pilot, flog das Modell DC 10 bis nach Australien und sprach Englisch. Ja, er würde am Nachmittag zu uns herüberkommen.

In der Zwischenzeit fuhren wir in die nächste Ortschaft um dort zu tanken und Lebensmittel zu besorgen. Dort trafen wir Arvid und er zeigte uns, welche Art Blinker wir kaufen sollten um sie an einen dünnen Faden zu hängen und durch bloße Auf- und Abwärtsbewegungen Fische anzulocken, als Fang ins Boot zu ziehen, sie mit einem Kantholz zu betäuben und in einen Eimer zu legen.

Soweit ich mich erinnern kann, fand Arvid heraus, dass die Sicherungen im Motor feucht geworden waren. Er schraubte sie heraus, säuberte sie, setzte sie behutsam und fachmännisch wieder ein und startete erfolgreich den Motor.

*

Da unserm Jagdabenteuer nun nichts mehr im Wege stand, fuhren wir, mit zwei Eimern und einem Knüppel aus Birkenholz ausgestattet, nur eine geringe Entfernung hinaus auf den Fjord und sowohl Silke als auch Andi waren nach kurzer Zeit derart erfolgreich beim Angeln, dass sich unsere beiden Eimer im Nu füllten. Nachdem ich die Fische mit einem gezielten Knüppelschlag betäubt hatte,

war es schließlich meine Aufgabe, sie auf dem Steg unter gierigen Möwenblicken aufzuschlitzen und auszunehmen. Nein, ich musste sie anschließend auch waschen, salzen, braten – und essen.
Ich allein.
Nur ich.
Die Anderen streikten.

Frau Fløistadt freute sich über den zweiten Eimer voller Fische, zumeist Kabeljau. Nach drei Tagen hatte ich allerdings genügend Fische für mich gebraten und verspeist, so dass ich fortan ein Angelverbot verhängen musste.

*

Ich weiß es - Andi feierte damals im Ferienhaus Geburtstag.
Ingrid hatte in ihrer herzlichen und offenen Art Margit und Arvid zu Andis Geburtstagsfeier eingeladen und die Beiden kamen auch. Sie waren, wie sie uns erklärten, so eine Art „Mischehe"; denn sie kamen aus Oslo bzw. aus Trondheim und egal, wo sie sich einmal für den Ruhestand niederlassen würden, einer von den Beiden wäre auch später im eigenen Lande fremd; denn Norwegen hat eine beträchtliche Längsachse!
Ich habe mit Arvid später noch längere Zeit auf Englisch korrespondiert. Ich kann mich an sein damaliges Alter nicht erinnern. Piloten wurden zwar vergleichsweise früh pensioniert; dennoch habe ich im Jahre 2023 keinen Internet-Eintrag mehr von ihm gefunden. -

Ein kanalartiges Gewässer führte auf der gegenüberliegenden Fjordseite hinaus aufs offene Meer. Wir durchfuhren diese Passage, umfuhren eine kleine davor liegende Insel und erschraken nach unserer Umrundung gewaltig, als uns von rechts ein lautstarkes Signalhorn aus der Fahrrinne verscheuchen wollte. Eine riesige Fähre kam auf uns zu und ich gab Vollgas um auf das rettende Ufer zuzubrettern, wo wir jedoch aufgrund der Felsenküste überhaupt nicht hätten landen können. Wir schafften es gerade so, uns in Sicherheit zu bringen und noch heute denke ich schuldbewusst und ungern an diese Begebenheit zurück. Auf unserer Heimfahrt wurden wir von einem Privatboot verfolgt und der einheimische Schiffsführer rief unfreundliche Worte in unsere Richtung, die wir leider (oder zum Glück?) nicht verstanden. Durch die erlittenen Schrecksekunden hatten wir uns selbst schon genug gestraft. Bis zum heutigen Tage habe ich ein schrecklich schlechtes Gewissen.
Wir hatten nämlich überhaupt keine Rettungsringe an Bord!

(J.H. 1986 – b. 04/2023)

Silke erinnert sich:

Im Jahr 1986 fuhr ich zum ersten Mal nach Norwegen, gemeinsam mit meinen Eltern und meinem Bruder. Wir fuhren mit dem Auto über Dänemark, wo wir uns den Legoland-Park ansahen und setzten dann mit der Fähre nach *Kristiansand* über. Wir hatten ein Ferienhaus in *Øydegard*, zwischen *Molde* und *Kristiansund* und machten dort für vier Wochen Urlaub.

In der ersten Woche regnete es ununterbrochen. Während dieser Zeit lasen mein Papa und ich viel und ich häkelte zwei Pollunder. Uns gefiel es, endlich zu entspannen. Meiner Mutter und meinem Bruder gefiel es weniger, ja, Mama bekam einen *Koller*, wie sie es nannte. Damit sie wenigstens etwas unter Leute kam, fuhren wir regelmäßig in den Supermarkt im Ort. Dort lernten wir auch Arvid kennen, einen Nachbarn des Ferienhauses, und kamen mit ihm ins Gespräch. Er war Pilot und gerade im Urlaub. Er fuhr dann mit uns im Ruderboot raus und brachte uns das Angeln mit Blinkern bei. Papa zeigte er, wie man den armen Fischen auf den Kopf haut um sie zu töten und an Land nahm Papa sie dann aus, briet sie und verspeiste das Meiste davon auch allein.

Wir angelten Dorsche und Lachse und ruderten regelmäßig zu „unserer Insel", um Blaubeeren zu pflücken. Erst als wir von dem schrecklichen Reaktor-Unfall in Tschernobyl hörten, war unsere Pflückerei vorbei, da Mama Angst hatte, wir seien nun alle verstrahlt.
Einmal machte sich unser Ruderboot selbständig und ich musste bei 14 Grad ins Wasser um es wieder einzufangen. Dabei schwamm ich gleich

einmal um den Steg. Wir machten Ausflüge nach Trondheim zur Stabkirche, unternahmen eine Gletschertour und mindestens noch eine zweite Wanderung. Insgesamt hatten wir einen langen, entspannten Urlaub.

Im Jahr 1988 entschieden sich unsere Eltern, den vierwöchigen Urlaub zu halbieren und so fuhren wir zwei Wochen nach Norwegen (*Selseng*) zum Angeln und zum Wandern und zwei Wochen nach Schweden um auf dem *Dalslandskanal* Hausboot zu fahren. *Andi* war oft am Steuer und manövrierte uns durch viele Schleusen, unter anderem durch die bekannte *Schleusentreppe*.

(Silke Jones, 01/2023)

Ballade von Verzweiflung und von Leidenschaft

War`s in der Stadt, war`s auf dem Land,
Wo Eure Liebe heiß entbrannt?

War´s in den Bergen, steil am Seil,
Wo Amor schoss den ersten Pfeil?

War´s im Café mit Meeresblick,
Wo Ihr Euch saht – und wart entzückt?

War´s in der Disco, war´s im Zoo?
War´s an der Seine, war´s am Po?

Ich weiß nichts als lauter Fragen
Und dennoch will ich Antwort wagen.

Vielleicht bin ich der Wahrheit fern,
Vielleicht treff´ ich des Pudels Kern,

Weil niemals unsre Lebensform
So gänzlich läuft ab ohne Norm.

Es trug sich zu dereinst im Sturm,
Dass Hendrik auf dem Fernsehturm

Von Stuttgart sah ins weite Land,
Voll Trauer jene Worte fand:

Nun habe ich so hart studiert,
Hab´ endlich auch noch promoviert,

Doch fühle ich mich so allein,
Will mir kein Weib beschieden sein?

Ich bitte Dich, oh Herr der Winde,
Zeig´ mir, wie ich mein Glück bald finde!

Muss ungeliebt ich itzo sterben,

Oh, gar so früh – und ohne Erben?

Doch bin ich ledig aller Plage
Wenn ich den Sprung nun endlich wage.

Der Wind vernahm die Not des Armen
Und zeigte gnädig sein Erbarmen:

Aus Frankreich schwebte flugs herein
Oh, *Mon Dieu*, ein Mägdelein.

Mit wachen Augen, Rosenmund,
Tat sie dem Hendrik dieses kund

Erstaunlich klar in deutscher Zunge:

Ich kenn´ den Schmerz, mein lieber Junge,
Wenn unsre Herzen sind allein,

allein gelassen – nicht zu zwei´n.
Doch springe nicht! Hör´ meinen Rat:

Dein Leben findet weiter statt!
Und wenn Du springst, so nimm ein Band,

Elastisch, dehnbar, tolerant,
Du kannst dann ab- und aufwärts schweben

Dem Tod entgleiten – hin zum Leben!
Spring ´nicht vom Turm! Bleib´ ruhig steh´n!

Reich´ mir die Hand und lass uns geh´n.
Lass´ wandern uns zum Horizont,

Wo unsre Liebe glücklich wohnt.
Lass aufwärts uns zum Himmel blicken

Und unsre Wünsche von dort pflücken!

Ob Hendrik sprang? Ich glaub ´es kaum,
Zu schön erfüllt war doch sein Traum!

Sabine heilte ihn vom Schmerz
Und schenkte ihm dazu ihr Herz.

Auf allen Euren Wegen
Sei mit Euch himmlisch´ Segen!

(J.H., für meinen ehemaligen Schüler Hendrik
Frohwein, 15.09.2002)

Hochzeitsgratulation

Wer`s vorher nicht geglaubt,
Der hat es jetzt geschaut,
Dass Ihr in letzten Stunden,
Habt freudig Euch verbunden.

Habt herzlich „ja" gesagt,
Den Sprung nach vorn gewagt.
Viel Wünsche Euch begleiten
Von aller Freunde Seiten!

Von Liebe und von Treue,
So hört man stets auf´s Neue
Die Menschen drüber reden. –

Nun gilt es dies zu leben!

Ihr werdet´s sicher schaffen
Und über Zweifel lachen.
Ihr werdet´s *Kind schon schaukeln*
Braucht Euch nichts vorzugaukeln.

Müsst Euch nur drum bemüh´n
An *einem* Strang zu zieh´n.
Der Strick – nehmt keinen alten –
Soll aber lange halten!

Mag es Euch je gelüsten,
Wollt Ihr Euch bitte rüsten:

Das Haus bei uns – kommt seh´n,
Wird Euch stets offen steh´n.

(J.H. o.D.)

Ein Hochzeitsgruß

Was ist's, wonach wir streben
In unserm irdisch' Leben?

Es ist ein Quäntchen Glück!

Ihr helft, *Ihr* wisst zu raten,
Seid stark in guten Taten,

Erhaltet viel zurück.

Backen, braten, Brötchen schmieren,
Zu Sehenswertem Menschen führen

Gibt Eurem Dasein Sinn.

Tanzen, lachen, Freude schenken,
Täglich wissend Schicksal lenken

Ist heilsamer Gewinn.

Wir kennen Euch, Ihr Lieben,
Die Ihr Euch habt verschrieben

Zu dienen mit Geduld.

Ihr widmet Euch den alten,
bedürftigen Gestalten

In Not – oft ohne Schuld.

Ihr kennt Euch schon recht lange,
Drum wird uns auch nicht bange,

Dass Eurer Bund gelingt.

Ihr werdet Seit' an Seiten
Vergnüglich weiter schreiten,

Wobei die Seele schwingt.

Gemeinsam nun in Zeit und Raum
Gestaltet Euren Lebenstraum,

Gemeinsam jetzt - zu zweit!

Vertrauend, dass Ihr Beiden
Im Guten wie im Leiden

Einander Stütze seid.

Einst hörte selbst ich guten Rat:

„Lasst Atem Euch und Freiheit,
Seid Einheit und auch Zweiheit,

Verbunden stets im Ziel.

Ertragt das Älterwerden
Nebst mancherlei Beschwerden

Und seufzt nicht allzu viel!

Wer Streit nicht liebt, der bleib' allein!
Konfliktlos lebt sich's nicht zu zwei'n!

Komplex ist unser Leben!

Daneben auch noch kompliziert,
Weshalb wir bitten – ungeniert

Den Herrn um seinen Segen."

Nun…

Reisen lindert den Verdruss,
Oper schenkt uns Kunstgenuss,

Weitend unsern Horizont.

Wir Freunde steh'n bereit,
Euch zu treffen allezeit

In Liebe – wie gewohnt.

Und hören wir Euch flüstern?

„Du tröstest mich und gibst mir Halt
Und schenkst mir Wärme, wenn mir kalt.

So, wie Du bist, nehm´ ich Dich hin.

Will in Treue zu Dir halten
Gemeinschaft stets mit Dir gestalten,

Will lieben Dich, so lang´ ich bin!"

(J.H. 07/2000)

Du + ich = wir?

Der moderne *Tourismus* seit der Nachkriegszeit im Land des Wirtschaftswunders macht das Reisen in andere Länder und Kontinente dank unserer *Mobilität* zu einer recht einfachen Übung, sofern genug Geld in der Reisekasse ist.
(„Von welchem Krieg spricht er eigentlich?" mögen mich meine Enkel fragen.)

Ja, der Fremdenverkehr blüht. Wir reisen durch unbekannte Weiten, das heißt, wir *durchqueren* sie und wursteln uns, oft unkundig der jeweiligen Landessprache, mit Englisch (der lingua franca, der internationalen Verkehrssprache) durch oder erwarten als zahlende *Touristen* geradezu wie selbstverständlich, dass die Einheimischen deutsch sprechen. Sooft wir an unsere Lieblingsorte zurückkehren mögen, würden wir uns dort wohl eher selten dauerhaft niederlassen wollen. Wir sind und bleiben eben als Touristen schlichte Urlaubsreisende. Es mag sein, vielleicht liebäugeln wir mit dem Kauf einer Ferienwohnung und binden uns damit an ein und denselben Ort. Dennoch sind und bleiben wir irgendwie Fremde oder fühlen uns als Zugereiste.

In den 90er Jahren fanden viele russlanddeutsche Aussiedler in Deutschland ein neues Zuhause, vielleicht sogar allmählich eine neue Heimat.
Im Jahre 2015 wiederum strömten unzählige Flüchtlinge ungebeten in unser Land und zuversichtlich sprach *Angela Merkel*, unsere damalige Bundeskanzlerin, die denkwürdigen Worte: *Wir schaffen das.* Manch einer von uns mag seinerzeit gedacht haben: *Von wegen*!

Was galt es im Rahmen der damaligen *Willkommenskultur* zu schaffen?
Gemeint war die Riesenaufgabe der *Integration,* die Eingliederung der Fremden in die heimische Gesellschaft; denn die Flüchtlinge kamen ja nicht als Touristen, die sich bald wieder verabschieden würden.

Integration hieß das Zauberwort und darüber lasst uns nachdenken:

Was würden wir - Du und ich – was also würden (oder könnten) wir, wollten wir uns als erste Generation in einem x-beliebigen Ausland auf Dauer niederlassen, (notfalls) aufgeben oder riskieren und – was nicht?

- unsere Sprache und Denkweise?
- unsere ethischen und moralischen Wertvorstellungen?
- unseren (christlichen) Glauben?
- uns lieb gewordene Traditionen, Sitten und Gebräuche?
- die Art uns zu kleiden?
- unser Aussehen?
- unsere Gesundheit?
- unsere Staatsangehörigkeit?
- unser Eigentum oder Teile davon?
- unseren Beruf?
- unsere politische Gesinnung?
- unser Heimatgefühl und unsere Erinnerungen?
- Unsere uns liebgewordene Freiheit?
- unser sicheres Leben?
- unser So–Sein?

Es geht hier nicht um eine Hierarchie bzw. Wertigkeit der aufgezählten Positionen, aber jede einzelne und alle zusammen (oder gar noch mehr) sind elementare Bestandteile unserer gewohnten Lebenswelt und gelten für uns als unveräußerlich in

Bezug auf unsere Individualität und als Voraussetzung unseres Wohlbefindens.

Was müssten umgekehrt andere Menschen bereit sein aufzugeben oder zu opfern, wollten sie bei uns „dazugehören"?

Wen alles betrifft denn eine mögliche Eingliederung (Integration) und wie könnte sie sich konkret gestalten?
Könnte es sich zum Beispiel um die Hereinnahme lernbehinderter Kinder in die Regelschule handeln?
Geht es um randständige Gruppen allgemein?
Was haben Spätaussiedler in puncto Integration zu erwarten und was wird ihnen zugemutet?
Könnten wir nicht sagen, dass bei jeglicher Form von Integration eine Mehrheit eine Minderheit in sich aufnimmt und sie einlädt zu einem gemeinsamen „Wir-Gefühl"?

„Was", so könnten wir fragen, „verbindet denn diese Mehrheit – uns Deutsche also - miteinander?"
Sehen wir einmal von einigen für die Anderen unverständlichen Regionaldialekten ab, so sind es zunächst unsere gemeinsame Sprache und der Wille sich derselben zu bedienen; aber welche der einzelnen Amtssprachen und welche Dialektformen sind gemeint?
Das religiöse Bekenntnis hingegen – christlich grundiert – ist mittlerweile wohl die Sache einer Minderheit innerhalb der sie umgebenden weltlichen Mehrheit.

Die deutsche Geschichte weist einige Epochen auf, die zumindest zwiespältige Gefühle in uns auslösen, uns als schuldlosen Nachfahren aber irgendwie anhaften und nicht abzuschütteln sind.

Wer kennt sich schon in den als unveräußerliches Gemeingut ausgegebenen Klassikern der deutschen Literatur aus?

Verstehen sich E- und U-Musik deutscher Herkunft nicht eher schon international?

Sollte es wirklich eine deutsche Wesensart geben, sind wir uns derer aus unserer Innenbetrachtung her bewusst?

Könnte es sein, dass ich als deutscher Staatsangehöriger im Ausland auf Vorbehalte stoße, weil man mich für zu ernst, zu diszipliniert und zu wenig herzlich hält?

Werde ich damit nicht in ein Kollektivgefängnis gesperrt?

Haftet mir etwa ein *Wesen*, an dem die Welt also *nicht genesen* könne?

Dennoch leben viele von uns gern und bewusst in Deutschland und andere Menschen zieht es scharenweise hierher. Wir haben unser Herz an unser Land, unsere Stadt, an unser Dorf - kurzum: an unsere Heimat – gehängt

Wir verspüren in uns einen minimal-gemeinsamen Wertekonsens, der durch die Begriffe *Rechts- und Sozialstaat* umschrieben wird.

Unsere *freiheitlich-demokratische Grundordnung* schreibt den Grundsatz des *Pluralismus* fest, das farbige Bild der Vielfalt der Meinungen und Lebensäußerungen, ein Bild, das sich vom uniformen Grau abhebt. Natürlich verlangt uns das Mehrheitsprinzip *Toleranz* ab.

Soll und muss *Integration* die Verschmelzung aller Verschiedenheiten bedeuten?
Dies widerspräche dem soeben erwähnten Begriff des Pluralismus und des Minderheitenschutzes.
Darf jemand gegen seinen Willen „verbogen" werden?
Muss er unter Verlustängsten bzw. Identitätsverlust leiden?

Wir betrachten *die Anderen* und *das Andere* wohl zuallererst aus unserm eigenen Blickwinkel.
Können wir sie jedoch verstehen, wenn wir uns in nicht in sie hineinzuversetzen versuchen?
Sobald wir die Anderen respektvoll bejahen, vermitteln wir ihnen am ehesten das Gefühl des Wohlseins, weil sie sich dann verstanden und aufgehoben fühlen. Unmerklich ziehen wir sie an uns heran.
Es geht um offene Arme, einen unverstellten Blick und geduldiges Abwarten-Können.
Andernfalls wäre Integration nur ein fades Lippenbekenntnis ohne echten Willen dahinter.

Es ließe sich von vielen Beispielen staatlicher und privater Integrationsbemühungen in unserm Land berichten.

Wenn ich mir *Integration* als eine Brücke vorstelle, so gehen wir von unserm Brückenkopf her den ersten Schritt hin zur anderen Seite.

Vieles ließe sich von denen, die vom gegenüberliegenden Brückenkopf in unsere Richtung unterwegs sind, als Ballast über das Brückengeländer werfen, anderes hinüberretten.
Es wäre zu wünschen, dass auf der Mitte der Brücke ein Lohn winkt: nämlich das gegenseitige Verstehen.

(J.H. Mariendorfer Gemeindebrief 06/2005;
bereits veröffentlicht und nun teilweise übernommen
aus *Jürgen Hembd, Vom Baum der Erkenntnis
kosten,* 2010
neu bearbeitet 04/2023)

Entwurzelt oder neue Wurzeln schlagen?

Ich erinnere mich an ein Programm, das meine Frau als ehrenamtliche Mitarbeiterin des Deutschen Roten Kreuzes in Berlin-Reinickendorf für die Monate April bis Juni 2002 liebevoll zusammengestellt hatte. Es handelte sich um ein Programm, bestimmt für russlanddeutsche Aussiedler.

Sie wurden eingeladen zu Gesprächsrunden, Führungen, Besichtigungen und Ausflügen nah und fern.

Am 01. Juni 2002 besuchte ich mit meiner Frau und ihrer Gruppe Herrn *Peter Altmann,* einen *Landschaftsgärtner* in *Caputh* bei Potsdam. Er führte uns durch seinen Garten, eine farbig angelegte und gepflegte Wildnis pflanzlicher Vielfalt.

Sowohl bei der Wanderung zurück zum Potsdamer Hauptbahnhof als auch während der anschließenden Bahnfahrt hatte ich Gelegenheit, mich mit russlanddeutschen Teilnehmern zu unterhalten. Sie waren aus unterschiedlichen Regionen der ehemaligen Sowjetunion nach Deutschland gekommen und lebten teilweise schon seit mehreren Jahren in Berlin.
Ob Schulleiterin oder Dozent, Architekt oder Ärztin, ob Ingenieur oder Journalist – wer von ihnen hatte schon Aussicht, bei uns in seinem angestammten Beruf eine adäquate Arbeitsstelle zu finden?
Für die meisten von ihnen stellte das Erlernen der deutschen Sprache hier vor Ort einen mühsamen Prozess dar; denn diese ehemals sowjetischen Staatsbürger deutscher Nationalität durften im Sowjetimperium die deutsche Sprache im öffentlichen Bereich nicht sprechen.
Wir wissen: eine Sprache überlebt nur dann, wenn sie von einer geschlossenen Bevölkerungsgruppe ständig und frei gesprochen und weiterentwickelt wird.

Mir sind während meiner Zeit als Gymnasiallehrer zwei etwa 15jährige Mädchen begegnet, die Anfang der 90er Jahre aus Bosnien bzw. Weißrussland nach Berlin gekommen waren und nach relativ kurzer Zeit in ihren Klassen bereits die besten Deutscharbeiten schrieben und unsere Sprache derart gekonnt beherrschten, dass man ihre Herkunft gar nicht mehr heraushören konnte.
Wenn ich mit der Generation ihrer in Russland geborenen und aufgewachsenen Eltern oder gar Großeltern unterwegs war, musste ich sehr konzentriert zuhören um sie einigermaßen verstehen und entsprechend reagieren zu können. Ihr Deutsch hörte sich mitunter seltsam an.

Neben der individuellen Sprachbegabung ist offensichtlich auch das Alter wichtig, in dem wir eine fremde Sprache erlernen; und da waren wohl die meisten russlanddeutschen Aussiedler ihren eigenen Kindern gegenüber im Nachteil.

Darf ich eine These wagen?

Ein neues Zuhause kann mir (besonders in der ersten Generation) nicht wirklich zur Heimat werden, wenn ich die dort gesprochene Sprache nur unvollkommen beherrsche.

(J.H. o.D.; b. 03/2023)

Dialekte und Akzente als Markenzeichen

Flug der *Helvetia* von Berlin-Tegel nach Zürich.
An der Tür zur Pilotenkanzel begrüßt uns der Chefpilot vor dem Flug freundlich lächelnd mit einem sympathisch klingenden „Gruezzi ".
Während des Fluges informiert er uns Fluggäste per Bordlautsprecher über unsere Flughöhe und -geschwindigkeit, über unsere voraussichtliche Ankunftszeit in Zürich und das regnerisch-trübe Wetter dort.
Freilich spricht er hochdeutsch, tut dies aber mit unüberhörbarem schweizerischem Zungenschlag.
Auch die englischen Durchsagen seines Co-Piloten erinnern mich an einen meiner früheren FU-Professoren, dessen Herkunft aus der Schweiz unschwer auf Anhieb erkennbar war, auch und insbesondere, wenn er sich der englischen Sprache bediente.
Weshalb auch nicht?
Beim Verlassen des Flugzeuges werden wir wiederum freundlich vom Chefpiloten verabschiedet und auf meine Nachfrage hin erfahre ich von ihm, dass seine Maschine in Brasilien gebaut worden sei.

*

Den Englischunterricht an meiner früheren Realschule habe ich sehr zu schätzen gewusst, da ich Herrn *Hanschmann*, unseren damaligen

Klassenlehrer und späteren Schulleiter, wohl umso mehr respektierte, weil ich ihn für kompetent hielt. Englisch jedoch war und blieb für mich stets eine Fremdsprache und ich bin mir sicher, dass mich englische Muttersprachler selbst auf größere Entfernung, sozusagen gegen den Wind, als Deutschen erkannten – möglicherweise sogar ohne, dass ich den Mund aufgemacht hätte.

In einer englischen Kathedrale sagte mir einst ein Engländer auf den Kopf zu, dass ich Deutscher sei – er hätte mich nämlich bei einem stillen Gebet beobachtet.

Allein unser Aussehen und unser Verhalten verraten uns ganz offenkundig in der Fremde und wenn wir nicht von Anfang an zweisprachig aufgewachsen oder bilingual unterrichtet worden sind, sind wir wohl selbst für einen Blinden auf Anhieb als Ausländer erkennbar. Wir sprechen nämlich unser mühsam erlerntes Elementar-Englisch ohne jegliche regionale Anklänge - von der Beherrschung eines Dialektes ganz zu schweigen.

*

Vor einigen Jahrzehnten führte mich ein Freund aus dem *Siegerland* auf einen Burgturm, der über der Stadt *Siegen* thronte.

Mein Freund sprach *Siegerländer Platt*, den Dialekt seiner Heimatregion.

Als ich ihm in kurzen Worten sagte: „Sieh' mal, die Sonne geht unter", stellte ein älterer Herr neben mir fest, dass ich aus Berlin sein müsse.

Vielleicht hatte ich das letzte Wort meiner Bemerkung „unta" ausgesprochen.

Diese Ausspracheform als Markenzeichen meiner Heimat hätte mich als einen „Fremdling" entlarvt.

Ja, ich bin als Hinterhof-Kind aufgewachsen und im Eifer des Gefechts haben meine Spielgefährten damals vielleicht manchmal nach oben gerufen: „Mutta, wirf mia mal ne Stulle runta"!

Ich beherrsche weder den sächsischen Dialekt noch den aus Schwaben und selbst bei einem Wohnortswechsel könnte ich in puncto der dortigen Ausdrucksweise und Aussprache niemals zu einem einheimischen Hamburger, Münchner, Leipziger oder Kölner mutieren.

Dies wäre weder möglich noch nötig.

*

Während meiner aktiven Dienstzeit unterhielt ich mich auf dem Parkplatz meiner früheren Schule mit einer Mutter von vier Söhnen. Wir sprachen deutsch. Sie sprach unsere Sprache gekonnt, nein, geradezu perfekt, wenn da nicht…

Ich hatte nichts weiter über ihre Herkunft gewusst, aber an einer bestimmten Stelle identifizierte ich sie als gebürtige Engländerin. Sie sprach keinen Dialekt, sondern hatte einen kaum merklichen *Akzent*.

Noch heute sehe ich ihr enttäuschtes Gesicht und höre sie frustriert fragen, woran ich ihre Herkunft erkannt hätte.

"Es war ihr palataler Zungenschlag beim anlautenden „*T*", hier konkret beim Wort *Tee*".

Mit großer Wahrscheinlichkeit wäre sie mit dieser Sprechgewohnheit als Geheimagentin aufgeflogen.
(Stimmt es, dass deutsche Spione einst in England enttarnt wurden, sobald sie unverhofft auf Deutsch angesprochen wurden und prompt reagierten, indem sie sich dem Sprecher zuwandten?)
In diesem Falle war es nur eine linguistische Kleinigkeit gewesen, über die ich gestolpert war. Und dabei sprach „unsere" Mutter tausendmal besser Deutsch als der deutschsprachige Lehrer ihrer Söhne die englische Sprache beherrschte!
Ich habe stets versucht mein Bestes zu geben, aber selten war es gut genug.
Andererseits - müssen wir eigentlich stets *perfekt* sein?

*

Meine emotionalen Bindungen an die Schweiz begannen im Jahre 1963, als ich noch ein *Twen* war. In jenem Jahr lernte ich auf dem Kirchentag in Dortmund *Ingrid* kennen, meine spätere Frau.
Des Öfteren erzählte sie mir, dass ihr älterer Bruder einst in der Nachkriegszeit im Rahmen der Kinderverschickung von schweizerischen Gasteltern im Emmental, den *Siegenthalers*, aufgenommen und aufgepäppelt worden war. Im Stillen war ich tief beeindruckt von der praktizierten Nächstenliebe und Hilfsbereitschaft dieser Familie gegenüber einem Jungen aus jenem Land, das Europa mit dem Zweiten Weltkrieg und dem Holocaust überzogen hatte.

Von der landschaftlichen Schönheit und Vielfalt der Schweiz konnte ich mich 1967 überzeugen, als wir während unserer Verlobungszeit zum ersten Male nach *Brienzwiler* reisten und dort von den Siegenthalers mit warmherziger Gastfreundschaft aufgenommen wurden.

Aus dem lauten Großstadtgetriebe tauchten wir ein in eine beschauliche Ruhe, die so gar nicht unserm gewohnten und eher hektischen Lebensrhythmus entsprach.

Heutzutage würden wir vom Wohlfühleffekt der *Entschleunigung* sprechen.

Wir lauschten dem Dialekt unserer Gastfamilie, die sich uns gegenüber des für uns verständlichen *Schwyzerdütsch* bediente; aber wenn sie untereinander schwyzerisch sprachen, konnten wir ihnen nicht mehr folgen.

*

Dem Schwyzerdütsch, einem Schulfach im dortigen Fächerkanon, eignet nach meinem Empfinden ein großer Charme. Weder hüben noch drüben werden wir unsere Dialekte zugunsten einer Sprache ohne regionale Anklänge schwerlich einebnen können, obwohl Radio und Fernsehen in gewissem Maße dazu beitragen mögen, die landestypischen Sprachgewohnheiten einander etwas anzugleichen oder zumindest verstehbar zu machen.

Unser Zungenschlag ist unser Markenzeichen, kann nicht eingeebnet werden und wenn immer ich meine Enkelkinder aus Fehraltorf nicht verstehe, muss ich wohl so lange fragen, bis ich herausbekomme, was sie meinen.

Ach, wir verstehen uns doch sowieso!

(J.H. o. D., bearbeitet 04/2023)

Wortschatz im Wandel

In den 50er Jahren fuhr die Straßenbahnlinie 66 durch die *Belziger Straße* in Berlin-Schöneberg. Vorn stand der Fahrer und wer mitfahren wollte, musste beim Schaffner einen Fahrschein lösen, den dieser von seinem Block abriss. Als Kinder stürmten wir oft auf die haltende Bahn zu und brüllten: „Onkel, hast'n Block"? Gemeint war damit der Abrissfalz des Fahrscheinblocks. Eigentlich ließ sich damit überhaupt nichts anfangen, aber wir fanden das damals **dufte**. Der Duden erklärt uns, dass dieser Ausdruck aus dem Jiddischen komme und hier in Berlin ursprünglich *gut* oder *fein* bedeutete.
Ein hübsches Mädchen wurde schon einmal als **dufte Biene** bezeichnet - oder war sie gar ein **steiler Zahn?**

Gleichbedeutend mit *dufte* war der Ausdruck **schnafte** (hervorragend oder vortrefflich).
Sobald sich im Kinofilm verliebte Darsteller **knutschten**, grölte das ganze Auditorium **Halbzeit**!
In der Schulruine gegenüber wurde ich einmal von einem Stein am **Dez** getroffen und verletzt. Dieses Wort stand mundartlich für *Kopf*.

Im Rückblick glaube ich, dass diese Begriffe lediglich zu meinem *passiven* Wortschatz gehörten und meinen Schülern schärfte ich ein, englischen *Slang niemals* aktiv zu verwenden, da wir dabei in alle möglichen Fettnäpfchen treten könnten.

Meine Frau bezeichnete ihren Bruder stets als **Atze**. Dieses Wort ist berlinisch und steht laut Duden für *Bruder/Freund* oder *Schwester/Freundin*.

Zwischen 1963 und 1965 hatte ich als Student an der FU Berlin Sprachkurse bei *Donald Armour*, einem schottischen Lektor, belegt. Da ging es um Syntax und Grammatik und um Essay-Writing. Eines Tages erregte er sich aus irgendeinem Anlass und fragte mit hochrotem Kopf: „Sie wollen mich wohl **verhohnepiepeln**"?
Er erntete dafür schallendes Gelächter.
Der Duden übersetzt diesen Ausdruck mit ursprünglich *verhöhnen* oder *verspotten*.
Er hatte schon damals Seltenheitswert, aber die Lachsalven entzündeten sich weniger am Wort, sondern an der englisch gefärbten Aussprache desselben, was sich angemessen eigentlich nur in phonetischer Umschrift wiedergeben ließe.

Als ich als Lehrer meinen Schülern einmal erklärte, dass ich etwas *cool* fände (oder so ähnlich), wurde ich von ihnen zurechtgewiesen. Diese Form von Jugendsprache stehe mir nicht zu. Punkt.

Insbesondere Jugendsprache unterliegt (schnellem) Wandel. Auf einer Klassenreise saß ich vor der *DJH Hohe Fahrt* am Edersee.
Keineswegs wollte ich *chillen* (mich entspannen), sondern ich arbeitete mit meinem Skizzenblock.
Hinter mir spielten meine Schüler mit einem Ball und fanden alles Mögliche *geil* (toll oder großartig). Sie bedienten sich daneben auch gewisser Steigerungsformen: *affengeil, supergeil, arschgeil* oder *affentittensupergeil.* Mehr ging wohl nicht.
In einer Spielpause bat ich *Timo*, einen meiner Schüler, zu mir und fragte ihn nach der Bedeutung dieser von mir notierten Begriffe.
Ich war sozusagen der *Professor Higgins* am Edersee.
Timo erklärte mir, dass diese Ausdrücke bedeuteten, dass etwas *fetzt.*
Ich wollte wissen, was *fetzen* bedeute.
Timo: „Wat, det wissen se nich? Na ja, et fetzt, wenn wat *fetzig* is."
(Der Duden erklärt uns, dass *fetzig* ursprünglich für *toll* oder *mitreißend* stehe. *Titte* hingegen sei ein derber Ausdruck für die weibliche Brust. Letzteres wusste ich jedoch schon.)

Den Begriff *geil* habe ich noch nie gemocht! Mittlerweile scheint er hoffähig geworden zu sein und unsere Zeit (2021) wird von *Ben Zucker* besungen: „Was für eine *geile* Zeit…"

Mit dem Ausdruck *pejorativ* wird ein Wort mit abwertendem Sinn belegt. Wenn wir eine Frau als **Schnepfe** bezeichnen, dann ist, ornithologisch gesprochen, kein Vogel dieser Gattung gemeint.

Wenn wir der politischen Wende (1989/90) eine tiefgreifende Bedeutung zuschreiben, dann erinnern wir uns an den Begriff **Wahnsinn**.
Der Duden verzeichnet für jene Jahre als *Wörter des Jahres: Reisefreiheit* (1989), *Die neuen Bundesländer* (1990) und *Besserwessi* (1991).

Einer meiner damaligen Oberstufen-Schüler aus Potsdam entschuldigte sein Fehlen mit der Anrede „*Werter Herr…*" und hatte damit unbeabsichtigt seine Herkunft preisgegeben.

„*Ossis*" bezeichneten Dinge, die sie für *ausgezeichnet* oder *wunderbar* hielten, gerne mit **schau**. Dieser Ausdruck wurde übrigens von jugendlichen „*Wessis*" bereits in den 50ern neben *kanisch* (abgeleitet von *amerikanisch?*) ebenfalls benutzt.
Eine Generation später hätte es vielleicht *baumstark* geheißen. Ob dieser Begriff heute auch noch verwendet wird?
„Nee, dit kannste *knicken*!"

Wenn *Der Tagesspiegel (*26.10.2021) Jugendwörter der Jahre 2011 bis 2021 auflistet, so zeigt sich, dass deren Haltbarkeitsdauer offenbar beschränkt ist. Das Jugendwort 2021 sei *Cringe*, ein Wort, das ein Gefühl des Fremdschämens ausdrücke und auch als Adjektiv Verwendung finde.

Oft klingt Jugendsprache (*He, Alter*!) in meinen alternden Ohren mitunter ordinär (*det jeht mir uff"n Keks*!) und keineswegs *papatastisch* (großartig, super, ganz toll, fantastisch).

Akkurat?

(J.H. 11/2021)

Ausgebrannt und desillusioniert

Spotlight war und ist eine moderne Sprachzeitschrift. Vor Jahrzehnten pflegte der Australier *Peter Flynn* Monat für Monat darin auf Englisch an seinen deutschen Brieffreund *Otto* zu schreiben. Im Januar 2001 berichtete er über den Stellenwert, den Jesus Christus für Katholiken und Anglikaner in der damaligen australischen Gesellschaft gehabt habe.

Halt! Was würden wir im Hinblick auf seinen Briefinhalt erwarten?

Wenn wir den Begriff *Anglikaner* in Bezug auf die Bundesrepublik Deutschland durch *Protestanten* ersetzen und unsere hiesigen, lediglich auf unser Land beschränkten, Beobachtungen kühn auf die australische Gesellschaft übertragen würden, so gäbe es festzustellen, dass weiterhin getauft und konfirmiert werde, dass manche Brautpaare nach der standesamtlichen Trauung immer noch vor den Altar treten und dass in den Schulen immer noch Religionsunterricht angeboten werde. Wir würden schreiben, dass in den (mittlerweile oft fusionierten) Ortsgemeinden weiterhin Gottesdienste gehalten und diese zuweilen auch im Radio oder Fernsehen übertragen würden und dass Woche für Woche vielerlei lebensbegleitende Angebote einzelner Kirchengemeinden wahrgenommen werden könnten.

Die Kirchen würden die *Seelsorge* und am Ende die *Sterbebegleitung* immer noch mit zu ihren vornehmsten Aufgaben zählen.

Allerdings sei die Zahl der Kirchenaustritte weiterhin rasant hoch und die Bedeutung der christlichen Lehre werde im öffentlichen sowie im privaten Bereich kaum thematisiert.

Und was hatte Peter Flynn bereits damals (2001) tatsächlich seinem Brieffreund Otto mitzuteilen?

Nun, die etablierten Kirchen befänden sich auf dem absteigenden Ast, genauso wie auch Vereine und Gewerkschaften. Ihnen allen liefen die Mitglieder davon.

Dann aber berichtete er von „born-again churches" – salopp übersetzt: religiöse Splittergemeinschaften (oder Freikirchen?). Spezialisiert auf den Einsatz von Videos und Rock'n Roll würden sich diese Gemeinschaften über Zulauf nicht beklagen können. Gleichsam auf Knopfdruck fielen sich hier die Mitschwestern und -brüder liebevoll um den Hals und winkten mit ausladenden Gesten himmelwärts. Das käme an, das sei *cool.* Dagegen seien die traditionellen Kirchen echt zum Abgewöhnen. Marketing-gerecht sei hierbei der moderne Australier erreicht worden, sofern er seine Antennen ausgefahren habe. Ach, was heiße hier: der Australier? Nein, der Mensch in der globalisierten Welt schlechthin.

Da hätten sie eben Pech gehabt, die Pfadfinder, die Sportvereine, die Seniorengruppen. Nein, formelle Gruppen und Organisationen seien nicht mehr „in". Weg mit allen Mitgliedskarten, diese seien in der privatisierten Welt überflüssig!

Er teilt uns weiterhin mit, dass ein katholischer Erzbischof in Australien festgestellt habe, dass viele Menschen heutzutage weltlich orientiert seien und ohne Glaubensbezeigungen auskämen. Aber könnte es nicht sein, so fragt sich Peter Flynn, dass diese modernen Menschen dennoch – unter der Hand, sozusagen – in ihrem täglichen Leben von christlichen Werten und christlicher Denkweise geprägt sind? Tagtäglich erlebe er doch sprechende Beweise an Ehrlichkeit, an Wohlverhalten und an Hilfsbereitschaft. Mit der Mehrzahl der heutigen Menschen wäre Jesus Christus wohl nicht

unzufrieden, seien es joggende Hausfrauen, oder
Händchen haltende Paare älteren Semesters.

*

Na ja, würde ich ihm entgegnen, wer täglich die
Zeitung lese, der wisse, dass eine wie auch immer
geartete christliche Sozialisierung keine
flächendeckende oder gar lückenlos und weltweit
wirkende Sache sei und dass es nichts bringe,
lediglich gewisse positive Verhaltensformen
einzelner „christlicher" Musterexemplare
herauszupicken.
Außerdem müssten wir uns davor hüten, den Fokus
allein auf die vermeintlichen Tugenden der
christlichen Welt zu richten, weil damit andere
Religionen und Lebensformen ausgegrenzt würden.

*

.
Peter Flynns Beobachtungen mögen den Zustand
unserer Lebenswirklichkeiten wenigstens teilweise
durchaus nachweisbar widerspiegeln.
Wir könnten ihm zustimmen, dass sich zunehmend
eine spürbare allgemeine Verweltlichung abzeichne,
manchmal noch verbrämt mit einigen tradierten
christlichen Schnörkeln.
Man könnte jedoch auch aufmüpfig provozierend
nachfragen, *welche* Epoche der Geschichte ihm als
christliche Idealvorstellung vorschwebe bzw. ob es
sie je gegeben habe.

*

Ich stelle mir eifernde Zeitgenossen vor, wie sie als Musterknaben des wahren Christseins und voller Tugendhaftigkeit mit immerwährendem Lächeln permanent nett zu einander sind, Rock*s Roll tanzen bis zum Umfallen und einander umarmen, bis es geradezu beängstigend übergriffig wirkt.
Gruppenzwänge können ganz schön nerven und an unserer individuellen Freiheit nagen.

*

Schon oft habe ich mich gefragt, inwiefern mein eigener Glaube oder Unglaube überhaupt relevant für andere Menschen ist. Was hätten sie davon?
Was mag in Missionaren vorgehen, wenn sie ihre Zielgruppen zum Glauben bekehren und doch selbst unwissend sind und eben auch „nur" *glauben*?

*

Wir leben in einer Zeit der Wertschätzung hoher Einschaltquoten und ständiger Erfolgsziffern. Gar zu verlockend wirkt das Spiel mit der großen Zahl.

Natürlich schmerzen Kirchenaustritte.
Aber wen eigentlich?
Natürlich wäre ein starker Zulauf hin zur Kirche Anlass großer Freude.
Wer würde sich darüber freuen?

Das Selbstverständnis der Kirche, ihr geistlicher Auftrag und ihr soziales Anliegen jedoch bemessen sich nicht nur an der großen Zahl ihrer Mitstreiter, es sei denn, die übernommenen gemeinnützigen Einzelaufgaben bedürften der soliden Finanzierung einer größeren Solidargemeinschaft.

*

Vor längerer Zeit habe ich über ausgebrannte und desillusionierte „Burnout"-Patienten gelesen (*Der Tagesspiegel*, 17.02.2001), die sich in der Kasseler *Habichtswald-Klinik* therapieren ließen. Gegen die seelische Leere empfehle der dortige Chefarzt *christliche Meditation* (also meditative und kontemplative Übungen auf Rezept).
Ahnen wir, was er seinen Patienten weiterhin empfiehlt?
Ganz einfach: den christlichen Glauben.

Vermutlich aber kommt dieser, wenn überhaupt, doch nicht auf Bestellung und mit lautem Getöse, sondern, wenn überhaupt, eher auf leisen Sohlen. Oder?

*

In einem Zeitungsinterview (*Der Tagesspiegel*, 30.01.2022) mit dem Berliner Erzbischof, *Dr. Heiner Koch*, erfährt der Leser, dass während des einen Jahres von 2019 auf 2020 insgesamt 6.104 Katholiken aus dem Geltungsbereich des Erzbistums ausgetreten seien.

Auf die fragende Feststellung, dass die aktuellen Austritte wohl eher mit den akut aufgedeckten sexuellen Missbrauchsfällen vorwiegend katholischer Geistlicher zu tun hätten, antwortet der Erzbischof:

Die Austritte sind gewissermaßen die „Quittung" für den Skandal des sexuellen Missbrauchs, das ist unbestritten.

Ob es uns gelingt, eine gedankliche Brücke zu bauen zwischen unserer obigen Überschrift *Ausgebrannt und desillusioniert* und besagten Kirchenaustritten in hoher Zahl (von denen übrigens auch die evangelischen Landeskirchen nicht ausgenommen sind)?

Die Antwort erteilt uns nochmals der Erzbischof:

Wir wissen aber auch, dass sie (die Kirchenaustritte, d. Verf.) *oft der letzte Schritt in einer langen Entfernung und Entfremdung von der Kirche sind.*

Sind es „nur" die Ausgebrannten und Desillusionierten, die sich von den Kirchen entfernen?
Geht es „nur" um die Entfremdung von einer Institution oder hängt dies nicht eher mit einem generellen Verlust an Glauben zusammen?

(J.H., Gemeindebrief Mariendorf Süd 05/2001; neu bearbeitet 01/2022 und 04/2023)

Menschen im Mittelpunkt (1)

Stellen wir uns einmal vor, wir wären Mitglieder der *Sozialkommission Tempelhof-Schöneberg* und erhielten den amtlichen Auftrag, mit einem Blumenstrauß in der Hand einer Jubilarin oder einem Jubilar im *SeniorenHaus Lerchenweg* in Maiendorf, in der Eisenacher Straße, zum Geburtstag zu gratulieren.

Wo und wie komme ich in dieses Haus, an dessen Außenwand zur Eisenacher Straße hin lange **Menschen im Mittelpunkt** stand, überhaupt hinein?

Habe ich auch meinen Dienstausweis eingesteckt?

In welchem Stockwerk und Zimmer wohnt das Geburtstagskind?

Wie spreche ich es an und worüber könnten wir uns in einem Zeitraum von etwa einer halben Stunde unterhalten?

*

Nach meiner Pensionierung im Jahre 2006 fiel mir diese ehrenamtliche Tätigkeit auf Anregung meiner Frau mehrmals im Monat zu und so lernte ich neben einigen wenigen Privatwohnungen in Mariendorf vor allem Häuser kennen, in denen Senioren ständig leben.

Im *SeniorenHaus Lerchenweg* habe ich mich damals immer besonders wohl gefühlt, weil ich hier vom Pflegepersonal stets freundlich begrüßt wurde und jedes Mal eine genaueste Wegbeschreibung erhielt. Wenn irgendwo eine harmonische Atmosphäre spürbar ist, so fühlt man sie sofort und geradezu mit den Fingerspitzen.

Meine Frau, die damals im Süden des Bezirkes derselben Tätigkeit nachging, wusste aus meinen Erzählungen, dass der Lerchenweg zu meinen Favoriten gehörte und dass meine Gespräche mit den Seniorinnen und Senioren dort mein Wissen als Historiker ungemein bereichert hatten. Man muss nur fragen und auch zuhören; denn ein jeder hat etwas zu erzählen.

*

Es ist schon berechtigt, sich vor nachlassenden Kräften und zunehmender Hilflosigkeit im Alter zu fürchten, aber gleichermaßen gilt, dass wir ein wenig gegensteuern können, indem wir unsere Interessen und Selbstheilungskräfte mobilisieren und, kopfgesteuert, emsig in Bewegung bleiben!

Leider lässt sich unser Leben nur wenig zuverlässig planen und wir befinden uns mittendrin; ohne Hoffnung und Zuversicht findet jedoch überhaupt nichts statt!

*

Zwischen 2011 und 2017 kam ich nicht mehr als Mitglied der Sozialkommission ins Haus, sondern als betreuender Ehemann – leider. Wie bereits zuvor, wurde ich auch fortan herzlich begrüßt. Ich spürte immer noch die freundliche Atmosphäre auf allen Stockwerken und wusste meine Frau in professionellen Händen fürsorglich geborgen.

Was im pflegerischen Beruf scheinbar so einfach aussieht, ist in Wahrheit Knochenarbeit und wem der darin Tätigen machen die individuellen Schicksale der Bewohner sowie der Schichtdienst einerseits und die mäßige Bezahlung andererseits etwa nicht zu schaffen?

Anfangs war meine Frau bettlägerig, dann habe ich sie wochenlang im Rollstuhl geschoben und schließlich spazierten wir, wie einst, nunmehr täglich bei Wind und Wetter kürzere Strecken durch die anliegenden Straßen. Diese Fortschritte waren das Ergebnis gemeinsamer Anstrengungen aller Beteiligten.

Besonders gern pilgerten wir zum Mariendorfer Volkspark und in den Britzer Garten und entdeckten, dass das kleine tägliche Glück nun nicht mehr in teuren Fernreisen bestand, sondern buchstäblich ganz nahe vor der Tür lag. Alles war kleinschrittiger und bescheidener geworden, jedoch hatten wir Zeit für einander, weil wir uns diese Zeit bereitwillig nahmen.

Im Blick auf die Vergangenheit vermischte sich unser Wohlgefühlt mit Dankbarkeit; im Blick auf die Zukunft mit einer Prise Hoffnung, die trotz aller Skepsis Künftiges plante und von positiven Lebensstationen träumte.

Wir fassten Lebensmut und übten uns in Lebensfreude. Wir schöpften den Willen und die

Kraft, wenigstens innerlich aufzustehen und es waren nebenher menschliche Begegnungen, die uns trösteten und wärmten.

(J.H. 04/2012 –b. 04/2023)

Menschen im Mittelpunkt (2)

Im Sommer des Jahres 1993 besuchten Ingrid und ich die Eröffnungsveranstaltung der *Berliner Seniorenwoche* auf dem *Alexanderplatz*. Noch bei Sonnenschein spielte das *Berliner Polizeiorchester* unter der Leitung von *Michael Kern* auf, doch danach begann es aus dunklen Wolken plötzlich wie aus Kübeln zu schütten. Da der gewaltige Platzregen gar nicht mehr aufhören wollte, mussten die Darbietungen der eingeladenen Chor- und Tanzgruppen auf den verschiedenen Bühnen notgedrungen abgesagt werden. Die Enttäuschung unter den Darbietenden war riesengroß, hatten sich doch alle Teilnehmer intensiv vorbereitet. Den Zuhörern mag es ähnlich gegangen sein. Keine musizierenden *Menschen im Mittelpunkt* mehr!
Meiner Frau taten die Chöre leid und da sie damals noch hauptberuflich für das Bezirksamt Neukölln als Sozialpädagogin regelmäßig Veranstaltungen für Senioren organisierte, kam sie auf die Idee, wenige Monate später im Herbst ein erstes Chorfest im *Britzer Garten* zu veranstalten – zunächst mit nur sechs Chören

Im Jahre 2003 erschien eine noch von ihr redigierte Festschrift zur 10jährigen Jubiläums-Veranstaltung.

Beim 19ten Chorfest am Mittwoch, 13. August 2012, ab 10.00 Uhr, waren bereits zwölf Chöre und drei Tanzgruppen dabei. Abermals war es nunmehr leider meine alleinige Aufgabe gewesen, die Veranstaltung zu organisieren und zu moderieren. Ich hatte meine Frau aus dem *SeniorenHaus Lerchenweg* abgeholt und sie verteilte nach jedem Einzelauftritt aus alter Gewohnheit tapfer die Urkunden und sprach auf der Bühne aus dem Stegreif liebevolle Dankesworte.
Auch in den darauffolgenden Jahren kamen alle Gruppen wieder. Es war kein Sängerwettstreit wie einst am Fuße der Wartburg. Für jeden der kleineren und weniger stimmgewaltigen Chöre war es allerdings eine Feuerprobe, vor allem wenn es galt, unmittelbar nach einem der größeren Chöre mit einer besonders ansprechenden Musizierweise aufzutreten und da galt es natürlich, bei der Anmoderation den eher furchtsamen Teilnehmern Mut zu machen und Anerkennung auszusprechen.
Die 20ste Veranstaltung fand im Jahre 2013 statt, bis dann nach weiteren sechs Jahren die Corona-Pandemie allem ein Ende bereitete.
Danach habe ich die einstigen Teilnehmerkreise nicht mehr angesprochen und bin auch selbst bis auf Ausnahmen nicht mehr angefragt worden.

*

Gelegentlich habe ich früher meinen Schülern gesagt, dass ich mich zu Hause in Phasen persönlicher Niedergeschlagenheit zum Trost (als Historiker) keineswegs mit den Sachsenkriegen Karls des Großen beschäftigen würde, sondern dass vor allem das Musizieren für meinen seelischen Ausgleich sorge. Ja, auch das Töpfern und das Schreiben, das Lesen und das Wandern waren mir schon damals wichtig.

*

Was hatte das 19te Chorfest im Jahre 2012 mit dem *SeniorenHaus Lerchenweg* zu tun?
Ganz einfach. Nach dem dortigen Mittagessen war eine Abordnung der Mitbewohner meiner Frau als Zuhörer dabei! Die kleine Gruppe saß bei ihrem Ausflug an einem langen Holztisch im Innenhof des kleinen Areals. Sonnenschirme waren aufgespannt und die mitgebrachten Picknickkörbe hielten kleine leckere Überraschungen bereit. Mich persönlich hatte dieser Besuch damals sehr gefreut und mir Mut gemacht; denn wenn Freunde und Bekannte dabei sind, fühlt man sich auf der Bühne nicht mehr so allein, sondern von ihnen getragen.
Wir könnten über den Sinn des Singens und des Tanzens lange philosophieren, aber jedermann weiß, wie sehr wir uns durch beide Kunstformen angesprochen fühlen. Was geschieht denn mit uns, wenn wir uns durch den musikalischen Rhythmus bewegt fühlen?
Wir wippen mit – zumindest innerlich.

(J.H. 07/2012 – 04/2023)

Menschen im Mittelpunkt (3)

Als unsere Tochter zwölf Jahre alt war, schlenderten wir beide eines Nachmittags auf dem Nachhauseweg über den *Heidefriedhof,* dort, wo später ihr Onkel und ihre Mama begraben werden sollten. An einem der Gräber stellte ich fest, dass es sich eigentlich niemand leisten könne, je ernsthaft krank zu werden, gäbe es da keine Krankenschwestern.

Mit meiner absichtslosen und wenig tiefgründigen Bemerkung trug ich möglicherweise zu ihrer späteren Berufswahl bei.

Dieser Beruf in der Krankenpflege mit seinem Schichtdienst, Personalmangel, Zeitdruck sowie physischer und psychischer Belastung und Riesenverantwortung ist nämlich alles andere als ein Erholungsspaziergang.

Die Patienten im Krankenhaus sind den *Menschen im Mittelpunkt* des SeniorenHaus(es) Lerchenweg gar nicht so unähnlich.

War denn mein eigener Beruf je ein reiner Erholungsspaziergang?

Es gab nicht gerade wenige junge Menschen, die um nichts in der Welt hätten Gymnasiallehrer werden oder sein wollen – viel zu stressig, wenn auch besser bezahlt als Pflegeberufe.

Irgendwann berichtete mir eine langjährige Bekannte, ihr Sohn habe sein von ihm als dröge empfundenes Studium abgebrochen und wolle nach absolviertem Praktikum in einen pflegerischen Beruf einsteigen. Sein Plan habe zu häuslichen Turbulenzen geführt, da die restliche Familie der Meinung gewesen sei, dass es da doch bessere Alternativen gäbe: ein akademischer Beruf ohne Schichtdienst und mit weniger Stress!

Ihr Sohn jedoch brenne darauf, mit hilfs- und pflegebedürftigen Menschen umzugehen, egal, wie lange die durchschnittliche Verweildauer eines in einem pflegerischen Beruf Tätigen dort sein möge.

Müsse es denn so sein, dass man an seinem Arbeitsplatz und mit den Arbeitsbedingungen stets nur unzufrieden sei?

Gebe es denn überhaupt keine Weiterbildungs- oder Aufstiegschancen?

Müsse es ihn denn anfechten, dass der von ihm erstrebte Beruf keinen sonderlich hohen gesellschaftlichen Stellenwert habe?

Wie es der Zufall so wollte, fiel mir im *SeniorenHaus Lerchenweg* das Beiblatt einer Berliner Tageszeitung vom 03.02.2013 in die Hände, in dem es um pflegerische Berufe ging:

Es gebe für Abiturienten die Möglichkeit des Bachelor-Studiums für *Gerontologie* und einen solchen für *Allgemeine Pflege.*

Es gebe für Gesundheitsberufe ein variables Angebot für Fort- und Weiterbildung von eintägig bis mehrjährig, auch in Teilzeit – obwohl nicht kostenlos, aber immerhin finanzierbar durch Bildungskredite oder Kostenübernahme durch die Bundesagentur für Arbeit.

Da gebe es für Interessierte in Sachen Gesundheits- und Krankenpflege eine Internetseite des Landesamtes für Gesundheit und Soziales in Berlin.

Für 38 Wochenstunden Arbeit wurde seinerzeit ein durchschnittlicher Bruttomonatsverdienst von € 2.360,00 angeboten. (Was mag dabei wohl netto herausgekommen sein?)
Meiner Bekannten und ihrem Mann erschien dies jedenfalls nicht genug.
Zugegeben, es hätte mehr sein können – viel mehr sogar!
Wenn Pflege stets etwas mit *Herzblut* zu tun hat, so möchte ich bei Bedarf gern und ständig von solchen Menschen umgeben sein, die ein großes und genügsames Herz haben; aber sie sollen sich niemals ausgebeutet fühlen!

Wer *Menschen im Mittelpunkt* umsorgt und dabei wie selbstverständlich seinen Idealismus einbringt, der wird schnell über die Frage nach der Lohngerechtigkeit stolpern – einst wie jetzt!
Es geht nicht ohne Einkommensumschichtungen in unserer Gesellschaft.
Diese Frage der Lohngerechtigkeit muss gelöst werden – nicht mit guten Worten auf irgendwann vertröstend, sondern faktenschaffend zeitnah, weil wir sonst alle unsanft verlieren – ebenfalls zeitnah!

(J.H. 02/13 – 04/2023)

Menschen im Mittelpunkt (4)

Menschen im Mittelpunkt – dieser Satz (oder Wahlspruch bzw. Slogan) an der Wand des Altersheimes geht mir nicht mehr aus dem Sinn. Er meint wohl:
Egal, was Du warst oder bist, was Du konntest und nun nicht mehr zustande bringst, was Dir fehlt und woran Du leidest, was Du glaubst oder wo Du herkommst – hier erfährst Du (Verzeihung, hier erfahren *Sie*) immer noch Wertschätzung.
Nur hier?
Nirgendwo anders?

Klar, auch woanders, nur ist eben gerade hier dieser Arbeitsvorsatz in herausgehobener Weise zum Leitbild erhoben worden. Er gilt als Ziel eines Weges hin zu etwas zu Erstrebendem.
.
Na ja – geometrisch gesehen, ist ein Punkt, also auch ein Mittelpunkt, ein Kreis ohne Ausdehnung, wo nichts und niemand Raum hätte – aber lohnt es sich, diese Spitzfindigkeit zu vertiefen?

*

Der obige Leitsatz an der Außenwand ist wohl eher als eine *Metapher* zu verstehen, als eine gedankliche Idealvorstellung, an deren Erfüllung und Vervollkommnung ständig gearbeitet werden muss; denn erfahrungsgemäß ist es gar nicht so einfach, alle Menschen gleichermaßen als einzigartig auf Augenhöhe und in einer zentralen Stellung zu betrachten und wichtig zu nehmen und ihnen gebührende Wertschätzung entgegen zu bringen. Strenggenommen, könnten wir ja auch nicht einmal einen Einzigen im Mittelpunkt unterbringen, weil er dort nach den Regeln der Geometrie gar keinen Platz hätte.

Dieser Leitsatz ist ein Versprechen, dass dem, der Hilfe benötige, auch geholfen werde;

dass man ihn unterschiedslos ernst nehme

in seiner besonderen Lebenslage;

in seiner Eingeschränktheit;

in seiner Hilfsbedürftigkeit;

in seiner Verzweiflung;

in dem von ihm verspürten Bedeutungs- und Ansehensverlust.

Leider sagen mir meine Erfahrungen, dass es besonders in Situationen der Abhängigkeit mit der gleichen Augenhöhe zwischen den Pflegenden und den Pflegebedürftigen so eine Sache ist!

*

Kaum jemand würde es wohl aushalten, ständig im Mittelpunkt zu stehen.

Im Gegenteil: die allermeisten Menschen brauchen Rückzugsräume ohne Dauerstress im Rampenlicht und das Angewiesensein auf nicht nachlassende Beifallsstürme.

Wer zum Beispiel das *Waldbaden* liebt, genießt ja geradezu die Einsamkeit und die Freiheit vom

Einhalten bestimmter Verhaltensnormen und vom Beobachtet-Werden.

Wer von uns hat es schon nötig, ständig als erster in der Reihe in der Sonne zu stehen und damit die Anderen auf die Schattenplätze zu verweisen?

Zugegeben, auch wenn wir uns bewusst voller Bescheidenheit ins Mittelfeld oder an den Spielfeldrand zurückziehen, ist es dennoch angenehm, wenn wir ab und zu gesehen werden, wenn sich jemand um uns sorgt, nach uns fragt, einfach „da" ist und uns begleitet.

Im Gegenzug könnten wir anderen Menschen Zeit widmen, ihnen zuhören, sie aufmuntern und loben, sie anlächeln und uns um sie kümmern – einfach so.

Wir könnten einander zu Paten werden.

Könnten wir.

*

Hätte ich Ingrid früher gefragt, ob ich bei ihr stets *im Mittelpunkt* stehe, hätte sie mich vermutlich lange mit fragenden Augen gemustert und schließlich milde lächelnd geantwortet:

„Nun mach' mal'n Punkt."

(J.H. 01/13 – b. 04/23)

Ein kleines Liebeslied

Das folgende Gedicht ist am 28.02.1995 entstanden, zu Ingrids 50stem Geburtstag.

Als ich zum ersten Mal Dich sah,
Da war´s vielleicht Dein rotes Haar,
Dem ich sofort war zugetan
Und das mich brachte aus der Bahn.

Doch war es nicht allein Dein Haar,
Das Tag für Tag und manches Jahr
Mich machte stets Dir zugeneigt,
den Bund zu schließen ließ zu zweit.

Mehr war´s als *eine* Eigenschaft,
Die in mir weckte jene Kraft,
Dein Leben fortan zu begleiten
Tag und Nacht – und durch die Zeiten.

Nun, Leidenschaft ist eine Kraft,
Die stets erneut uns Leiden schafft.
Wie konnten wir wohl uns´re Seelen
Mit dieser Folter quälen?

Mit Leidenschaft bist Du betrogen;
Denn wie der Pfeil schnellt weg vom Bogen,
So schnell verfliegt die Emotion.
Zurück bleibt leere Illusion.

Wir folgten wohl dem bess´ren Triebe:
Ins Herz hielt Einzug unsre Liebe.

Und diese ließ uns nie verzagen
An guten wie an schlechten Tagen.

Die Liebe hat uns nie verlassen;
Unglaublich fast und nicht zu fassen!
Sie engt nicht ein, gibt weiten Raum,
Lässt Platz für Fantasie und Traum.

So ist sie gleichsam wie ein Haus,
Aus dem Du morgens gehst hinaus
Und abends dann, mit müdem Blick
Kehrst sehnsuchtsvoll Du gern zurück.

Wir haben uns nun treu begleitet,
Mal Kummer uns, mal Freud´ bereitet,
Gestritten uns und bald versöhnt,
War´n insgesamt vom Glück verwöhnt.

Und Stück für Stück steigst Du nun weiter
Den Sprossenweg der Lebensleiter.
Doch *eine* Weisheit musst Du wissen:
Die *Hektik* ist kein Ruhekissen,

Auf dem Du fänd´st gesunden Schlummer,
Den Lösungsweg aus Deinem Kummer.

Drum halte ein und hol´ tief Luft,
Weil sonst die Kraft zu schnell verpufft.

So wünsch´ ich Dir und uns zu zweit
Stets heitere Gelassenheit.
Wir werden nicht die Welt gewinnen!
Was ließ´ sich auch mit ihr beginnen?

Geh Deinen Weg, verfolg´ Dein Ziel,
Bald ernsthaft, bald in heit´rem Spiel.

Blick weit nach vorn – auch mal zurück,
Such´ stets Dein ungetrübtes Glück!

Was ich Dir wünsch´ am heut´gen Tage?
Ein wenig Glück – wohl ohne Frage.
Dass Du gesund bleibst und zufrieden,
Geborgen stets bei Deinen Lieben!

(J.H. e 1995, überarbeitet 04/2023)

Von der Nacht zum Tag

Der *Inntalradweg* von Innsbruck nach Passau führt
am österreichischen *Braunau am Inn* vorbei und als
es Abend wurde, fanden wir (Ingrid und ich) bei
unserem gemächlichen Stadtbummel schließlich die
(unbeschilderte) Schmiedgasse Ecke Salzburger
Vorstadt mit Adolf Hitlers Geburtshaus.
Vermutlich ist dort auch noch heute eine öffentliche
Bibliothek untergebracht mit einem Gedenkstein

aus *Mauthausen* davor, einem Mahnmal für die Opfer des NS-Regimes.

Adolf Hitler, 1889 geboren, empfand es „als glückliche Bestimmung", dass ihm das Schicksal gerade Braunau zum Geburtsort zugewiesen habe, „bayerisch dem Blute, österreichisch dem Staate nach", an der Grenze jener zweier deutschen Staaten gelegen, deren Wiedervereinigung mindestens den Jüngeren als eine „mit allen Mitteln durchzuführende Lebensaufgabe" erschienen sei.

(Wir wissen übrigens, dass der *Versailler Vertrag* sowohl eine politische als auch eine wirtschaftliche Vereinigung Deutschlands mit Österreich untersagt hatte.)

Der Gedenkstein auf dem Straßenpflaster erinnert an den nationalsozialistischen Terror und an die vielen unschuldigen Opfer, die dabei zu Tode gebracht wurden. (Das Schicksal *Jochen Kleppers* und seiner Familie sei als nur eines der beredten Schicksale unter vielen als Beispiel dafür genannt.)

Wie konnte es, so fragen wir uns heute, dazu kommen, dass ein einzelner Mensch derart viel Macht an sich reißen und die Welt in ein unermessliches Chaos stürzen konnte, ein Chaos, das viele Menschen an Gott und seiner Schöpfung verzweifeln ließ?

Sicherlich hatte es einerseits zu tun mit Hitlers Willensstärke sich durchzusetzen und damit, dass der allgemeine Wille ihn zu vermeiden zu schwach ausgeprägt war, so dass Deutschland, Europa und die Welt ins Chaos versanken.

Andererseits mag es damals viele „Volksgenossen" gegeben haben, die darauf brannten, mit ihm als Führer ein neues Herrschaftssystem zu errichten.

*

Ich erinnere mich an meine ersten Vorlesungen, die ich als Student der Geschichte und Anglistik am Friedrich-Meinecke-Institut der FU Berlin hörte, als uns der amerikanische Gastprofessor *Harold C. Deutsch* klarzumachen versuchte, dass der Wille, ihn – Hitler – gewähren zu lassen, u.a. in ebendiesem Diktat von Versailles gewurzelt habe; in der massenweisen Ablehnung des Systems der Weimarer Republik und der Idee der westlichen Demokratie überhaupt; im nationalistischen Empfinden des Zeitgeistes und so weiter…
Die Summe aller Einzelgründe jedoch erfasst noch nicht das Ganze.
Hitler war den geistigen Wegbereitern des Antisemitismus gefolgt und hatte jeglichen Formen des Bolschewismus, des Parlamentarismus und des Pazifismus den Kampf angesagt.
Er hatte durch einen persönlichen Treueid seine Gesinnungsgenossen, staatliche Waffenträger und Angehörige aller möglichen Berufs- und Altersgruppen und Schichten an sich gebunden.
Wir wissen aus eigener Erfahrung, dass, wer Waffen trägt, andere Menschen beliebig zwingen kann.
Freilich hat es (wenn auch erst spät) Widerstand gegen den Reichskanzler und Führer gegeben, aber nach welchen Grundmustern hätten wiederum

Teilnehmer am Widerstand das neue Deutschland gestaltet?
Ob dabei so etwas wie unsere Bundesrepublik Deutschland herausgekommen wäre?

Der Inflationsschock von 1923 und die Weltwirtschaftskrise von 1929 waren den Deutschen kräftig ins Mark gefahren und ließen sie auf bessere Tage hoffen; aber weshalb musste dabei, anders als etwa in den angelsächsischen Ländern, die Demokratie über Bord gehen? Ausgerechnet in Deutschland!

Wie mögen Braunau und Tempelhof-Mariendorf, mein jahrzehntelanger Wohnbezirk, ausgesehen haben in nationalsozialistischer Zeit?

Fast täglich gehe ich an den Kriegsgräbern auf dem Heidefriedhof vorbei.
Wie viele der dort begrabenen Toten mögen damals hinter dem Nazi- System gestanden haben?
Und wie viele dürften mutige Kritik daran geübt haben, was für Letztere wohl ein tödliches Risiko dargestellt haben mag, eine Lebensgefahr, vielleicht ebenso groß wie diejenige im Krieg?

*

Wir leben heute in der Bundesrepublik Deutschland. Sie ist der Staatsform nach eine *Republik* mit einer präsidialen Spitze, der Regierungsform nach eine *Demokratie*.

Nicht ohne symbolische Absicht endet der Kabinettssaal im Bundeskanzleramt an der einen Stirnseite mit einem großen, glasklaren Fenster, das den Blick freigibt auf das Reichstagsgebäude, in dem der Bundestag, die Legislative, aus eigenem Recht versammelt ist. *Das Volk*, so lautet die Botschaft, *ist der Souverän.*

Nicht das Diktat des Einzelnen zählt, sondern der Mehrheitswille.

Es ist der Pluralismus, der prinzipiell die einzelnen Lebensbereiche durchwehen soll.

(Natürlich ist bei der Verabschiedung bestimmter Gesetze auch der Bundesrat, die Länderkammer, vertreten. Diese Tatsache jedoch unterstreicht ja nur das Prinzip der Pluralität.)

Stark beeindruckt haben mich als Student Staatsrechtler wie *John Locke*, die einem jeden von uns Menschen je eigene, vorstaatliche und unveräußerliche, nämlich im Naturrecht wurzelnde, Rechte zuschreiben, die wir in einem fiktiven Staats- und Gesellschaftsvertrag den Regierenden immer nur treuhänderisch und lediglich auf Zeit übertragen.

Wer sich dessen bewusst ist, gewinnt wichtige politische Einsichten sowie Maßstäbe politischen Handelns, Selbstbewusstsein und möglicherweise Widerstandswillen.

Erst dann ist es um uns geschehen, wenn wir die uns angeborenen Menschenrechte verlieren.

Auf Grund ihrer Entstehungsgeschichte kennt die *Bibel* keine Republiken und Präsidenten, keine Demokratien und Parlamente, keine Verfassungen, keine Gleichberechtigung im modernen Sinne.

Sie kennt Gott im Himmel und Monarchen auf der Erde, sie kennt Engel und Teufel; die Hölle und das Paradies. Sie kennt Trost und Barmherzigkeit, Vergebung und Liebe.

Welche dieser Begrifflichkeiten haben für uns heute noch Geltung?
Trotz aller Unsicherheiten dürfte aber gelten, dass es gerade die *ewigen,* die *ethischen,* Werte sind, die die Grundlage eines jeden demokratischen Staatswesens ausmachen.

*

Als wir die Schmiedgasse in Braunau nachdenklich verließen, fragten wir uns, weshalb sich Wissen und Erfahrung und Vernunft nicht einander ergänzen sollten um das historische Dunkel der Nacht zum neuen Tag zu führen.

(J.H., Mariendorfer Gemeindebrief 04/2005; bearbeitet 04/ 2023)

185

Betrachtungen zum 8./9. Mai 1945

I

„Mit großem Schmerz sagen wir: Durch uns ist unendliches Leid über viele Völker und Länder gebracht worden."
So steht es in der *Stuttgarter Erklärung des Rates der Evangelischen Kirche in Deutschland* vom 19. Oktober 1945.

Der Vollzug des Kapitulationsaktes am 9. Mai 1945 um 00.16 Uhr im sowjetischen Hauptquartier in Berlin-Karlshorst wird mit Begriffen wie „bedingungslose Kapitulation", „Kriegsende" oder gar „Stunde Null" verbunden.

Einige Grundtatsachen seien erwähnt, die die leidvolle Vorgeschichte zu diesem Ereignis bilden:

Im Jahre 1924 diktierte *Adolf Hitler* während seiner Festungshaft in Landsberg am Lech das Manuskript zu seinem programmatischen Buch *Mein Kampf*, in dem er keine Zweifel daran ließ, dass der *„Lebensraum"* des deutschen Volkes künftig im Osten zu suchen sei.

Eugen Kogon, sieben Jahre lang Häftling im *KZ Buchenwald* bis zu dessen Befreiung und später dann bis 1969 Ordinarius für wissenschaftliche Politik an der TH Darmstadt, schildert in seinem erstmals 1946 veröffentlichten Buch *Der NS-Staat* ein Gespräch, das er 1937 in Frankfurt am Main mit einem SS-Führer der *Burg Vogelsang* in der Eifel geführt habe. Dieser habe ihm dargelegt, dass es innerhalb von zehn Jahren möglich sein werde, Europa das Gesetz Adolf Hitlers zu diktieren, „um den sonst unvermeidlichen Verfall des Kontinents zu Stillstand zu bringen und die wahre Völkergemeinschaft mit Deutschland als führender Ordnungsmacht an der Spitze aufzubauen". Fünf bis zehn Prozent der Bevölkerung, ihre beste Auslese, sollten herrschen, der Rest würde zu arbeiten und zu gehorchen haben.

Bei den *Nürnberger Prozess(en)* spielte die *Hoßbach-Niederschrift* über eine Besprechung Hitlers mit den Oberbefehlshabern der drei Waffengattungen sowie dem Reichskriegs- und dem Reichsaußenminister am 10.11.1937 eine beweisträchtige Rolle dafür, dass die führenden Funktionsträger des Dritten Reiches in Hitlers Kriegspläne, am besten schon Kriegsbeginn 1938, eingeweiht waren.

Der (Zweite Welt-) Krieg war von Hitler gewollt und geplant. Darüber konnten weder der auf zunächst zehn Jahre angelegte Nichtangriffspakt zwischen Deutschland und Polen aus dem Jahre 1934 hinwegtäuschen noch Hitlers Reichstagsrede im Mai 1935, in der er sich bewusst weit aus dem Fenster lehnte und den anderen Staaten und Völkern sein Selbstportrait als Friedensapostel vorstellte.

Hitlers Wollen, Sagen und Handeln waren nicht immer deckungsgleich, aber seine politischen Gegner hätten gut daran getan, seinen Willen zu durchschauen, weil er einmal gefasste Pläne mit großer Beharrlichkeit verfolgte. Hätten...

Die Angriffsvorbereitungen gegen Polen liefen ab April 1939 unter dem Decknamen *Der Fall Weiß* und am 31.08.1939 erfolgte Hitlers Angriffsbefehl auf Polen: *„Ab fünf Uhr fünfundvierzig wird zurückgeschossen..."*

Nun half keine Appeasement-Politik mehr, vielmehr antwortete die sich formierende *Anti-Hitler-Koalition* auf Hitlers Gewalt mit erbitterter Gegengewalt.

Diese Koalition der Alliierten war nicht getragen von einem Konzept zur Gestaltung der Welt *danach.* Vordringliches Ziel war für sie die bedingungslose Kapitulation Deutschlands und seiner Verbündeten.

Wiederholt beklagt der amerikanische Diplomat *George F. Kennan* in seinen „Memoiren" das Fehlen einer solchen politischen Grundkonzeption zur Neugestaltung der Welt, auch und vor allem in der amerikanischen Administration. Aber darin waren sich *Churchill* und *Roosevelt* in der *Atlantik-Charta* vom 14.08.1841 einig: es gehe um die Vernichtung der Nazityrannei!

Ja, es lohnt sich, Churchills und Roosevelts große Reden im Zweiten Weltkrieg zu lesen, weil sie Menschenrechte und Demokratie zum Inhalt haben.

Ja, es lohnt sich, die Dokumente der Konferenzen von *Casablanca* und *Teheran,* von *Jalta* und später auch von *Potsdam* zu studieren; denn ohne sie ließe sich die Nachkriegsgeschichte nicht verstehen.

Ja, es ist unendliches Leid „durch uns" über viele Völker und Länder gebracht worden – auch über unser eigenes Volk und Land.

Es gibt genügend Zeitzeugen und Mahntafeln und schwarze Holzkreuze selbst in unserer Nähe als stumme und zugleich beredte Zeugen dieses Leides. Gedenkstättenfahrten führen uns überdies auf die Spuren des Grauens.

Und die Überlebenden?

Zurück blieben allerorten Menschen – verfolgt, verschleppt, vertrieben, verurteilt, gedemütigt, desillusioniert, in die Irre geführt, an der Seele verletzt.
Es blieben Menschen zurück - von Schuldgefühlen und Orientierungslosigkeit geplagt.

Die Unterzeichner der Stuttgarter Erklärung klagen sich an, dass sie *„nicht mutiger bekannt, nicht treuer gebetet, nicht fröhlicher geglaubt und nicht brennender geliebt haben."*

Worum ging es ihnen damals?

Es ging um den Willen, das Geschehene zu begreifen, es nicht zu vergessen und aus der Trauer und der Scham neue gestalterische Kraft zu schöpfen.

(J.H. Gemeindeblatt Mariendorf-Süd 03/1995; b. 04/2023)

II

Max Ehrmann (1872-1945), ein amerikanischer Rechtsanwalt, schrieb im Jahre 1927 den Text zum Lied *Desiderata*. Dieser Text ist vertont worden und folgende Worte darin werden als Refrain verwendet:

You are a child of the universe, no less than the trees and the stars; you have a right to be here.

Frei und interpretierend übersetzt heißt das:

Du bist ein Kind des Universums, an Bedeutung nicht geringer als die Bäume und Sterne; Du hast ein Recht, auf der Welt zu sein.

Halten wir fest: Wir Menschen haben unveräußerliche Rechte – **Geburtsrechte**, wie sie der englische Dichter *John Milton* einst nannte. Dazu gehören das Recht auf *Leben*, das Recht auf *Freiheit,* das Recht auf *Eigentum* und (die amerikanische Verfassung nennt es pursuit *of happiness*) das Recht auf Streben nach *Glückseligkeit.*

Wir – Ihr und Du und ich – *haben* ein Recht auf der Welt zu sein!

*

Die Alliierten hatten 1945 Deutschland besetzt; das Deutsche Reich hatte bedingungslos kapituliert, der Krieg war zu Ende. Die Alliierten hatten verlustreich gesiegt und sie verstanden sich nicht nur als Sieger, sondern auch als *Befreier* – aber wovon?

Zur Beantwortung dieser Frage müssen abermals einige innerpolitische Grundtatsachen des Dritten Reiches aufgerollt werden.

*

Wer hinter dem *Gropius-Bau* das enttrümmerte Gelände in Augenschein nimmt, steht – topographisch gesehen - an jener Stelle, wo sich eine der Schaltzentralen des Dritten Reiches befand.

Wer hier steht, wird konfrontiert mit der *Topographie des Terrors*.

Wie konnte es überhaupt zu diesem Terror kommen?

Am 30.01.1933 hatte Reichspräsident *von Hindenburg* nach langem Widerstreben *Adolf Hitler* schließlich zum Reichskanzler ernannt. Damit war die Republik von Weimar endgültig vorbei.

Bereits die *Reichstagsbrandverordnung* vom 28.02.1933 zeigte, wie die Nationalsozialisten mit ihren Gegnern – und zuallererst den Kommunisten – umgehen würden.
Das *Ermächtigungsgesetz* vom 23.03.1933 sollte den Rechtsstaat vollends aus den Angeln heben; denn es ermöglichte der Reichsregierung – sozusagen *legal* – am Reichstag vorbei Gesetze zu erlassen. Damit war das Prinzip der Gewaltenteilung über Bord gegangen und der Rechtsstaat tödlich angeschlagen. Zu einem Rechtsstaat gehört weiterhin die Überprüfbarkeit staatlicher Maßnahmen durch unabhängige Gerichte. Aber das Dritte Reich wandelte sich schnell zum *Maßnahmestaat,* wobei *Dachau* den Anfang und *Auschwitz* das Ende der bewussten Ausgrenzung, Entrechtung und physischen Auslöschung von Minderheiten markierten.

*

Regierungen und Politiker sollten nie vergessen, dass ihre Macht nur abgeleitet und befristet ist. Sie üben diese Macht, wie auch alle Amtsträger, nur treuhänderisch aus; ihre Macht ist nur eine Leihgabe, ein Besitz, an dem das Volk, also wir alle, Eigentumsrechte haben.

Wir und Du und ich haben nicht nur das Recht auf der Welt zu sein, sondern wir haben auch weitere

Rechte, die am Anfang unseres *Grundgesetz*es aufgelistet sind. Dieser Grundrechtekatalog ist zu verstehen im Rahmen einer funktionierenden Gewaltenteilung bestehend aus Legislative, Exekutive und Judikative (gesetzgebende, ausführende und richterliche Gewalt).

Was aber nützen dem Menschen dieses Wissen und dieser Anspruch, wenn es keine Instanz mehr gibt, die ihm machtvoll zur Wahrnehmung seiner eigentlichen Rechte verhilft?

*

Der Waffenstillstand und die Kapitulation befreiten die Menschen im Jahre 1945 von ihrer ständigen Angst um ihr Leben durch äußere Kriegseinwirkung – sei es im Luftschutzkeller oder im Freien oder unterwegs im Flüchtlingstrekk.

Der amerikanische Präsident *Roosevelt* zählte zu den Grundfreiheiten der Menschen auch ein *Leben ohne Furcht.*

Wie aber kann unser Leben frei von Furcht sein, wenn wir uns staatlicher Willkür und staatlichem Terror ausgeliefert wissen?

Es musste also damals eine *Befreiung von* einem tyrannischen System stattfinden – so wie es in der *Atlantik-Charta* ausgedrückt worden war.

Die Fesseln des Zwanges und der Furcht im Innern Deutschlands mussten unbedingt gelöst werden.

*

Der Desiderata-Text endet mit den Worten:

With all the sham. drudgery and broken dreams, it is still a beautiful world. Be careful. Strive to be happy.

Übersetzt:

Trotz allen falschen Scheins, trotz aller Mühsal und zerbrochener Träume ist die Welt dennoch schön. Sei vorsichtig. Strebe nach Glückseligkeit.

„Worte, nur Worte", mag manch einer denken oder sagen.
Vielleicht stecken aber ein wenig Trost und Kraft in diesen Worten – Kraftströme, die Zuversicht und Hoffnung vermitteln.

Mehr hatten die Menschen hier und überall im Jahre 1945 wohl nicht zu erwarten – aber mit weniger wäre ihnen nicht gedient gewesen.

J.H., Gemeindeblatt Mariendorf-Süd 04/1995; völlig neu bearbeitet 04/2023)

III

Im November 1977 hielt der damalige Bundeskanzler *Helmut Schmidt* nach einem Besuch in *Auschwitz* und in *Birkenau* an diesem Ort, der nach seinen Worten Schweigen gebiete, eine Rede an die polnische Nation, zugleich aber auch an seine deutschen Landsleute. Darin führte er aus, dass es ohne Erkenntnis der Vergangenheit keinen Weg in die Zukunft gebe.

In den ersten beiden Teilen meiner Betrachtungen zum 08. Mai 1945 habe ich Kenntnis gegeben von den historischen Etappen, die zum Kriegsende und der bedingungslosen Kapitulation (*unconditional surrender)* der deutschen Wehrmacht am 09. Mai 1945 um 00.16 Uhr im sowjetischen Hauptquartier in Berlin-Karlshorst führten. Wenn die „Stunde Null" oder „der Tag der Befreiung" eine Erkenntnis brachten, so bestand diese darin, dass der Zweite Weltkrieg als Folge eines übersteigerten Nationalismus mit imperialistischem Anspruch einen regelrechten Scherbenhaufen hinterlassen hatte – hier und anderswo.
Hier und anderswo beweinten die Trauernden ihre Toten.

Hier und anderswo beklagten die Verzweifelten ihre Verluste durch Zerstörung und Entwurzelung, durch neue Grenzziehungen und vor allem durch neue Lebensbedingungen und Abhängigkeiten.

Viele mögen erkannt haben, *wovon* sie befreit worden waren; aber *wozu?*
Dies sollte erst die Zukunft zeigen.

Im *Potsdamer Abkommen* vom August 1945 wurden die neuen politischen und wirtschaftlichen Grundsätze festgelegt, nach denen *in* Deutschland und *mit* Deutschland künftig verfahren werden sollte. Bekannt sind die sogenannten vier D's: erstens *Demilitarisierung, zweitens Denazifizierung, ferner Dezentralisierung* und *Demokratisierung.*

*

Ließen sich anhand einfacher Beispiele aus unserem Alltagsleben einzelne Wesensmerkmale dieses *westlichen* Demokratiebegriffes aufzeigen?
Es wäre sicherlich einen Versuch wert.

Kurz nach der Wende 1989/1990 hatte ein Oberstufenschüler aus Potsdam seinen Weg an sein neues Gymnasium in Berlin-Nikolassee gefunden. Im Fach Politische Weltkunde wurden Klausuren geschrieben, in denen die Schüler in der dritten Prüfungskomponente ein begründetes eigenständiges Urteil abgeben sollten.
Im Anschluss an eine Klausur beklagte sich dieser Schüler bei seiner ehemaligen Lehrerin in Potsdam darüber, dass ihm in Sachen Problemerörterung „hier im Westen" von seinem Lehrer überhaupt nicht gesagt worden sei, welche Antworten dieser erwarte.

Wir sind 1945 befreit worden hin zur Demokratie als Lebensform.

Dazu gehört u.a., dass wir (auch im Schulunterricht) einander wohlwollend zuhören; dass wir kritische Fragen zulassen; dass wir Zielkonflikte benennen; dass wir Probleme erfassen; dass wir eigene Meinungen entwickeln und diese begründen; dass wir Maßstäbe unseres Urteilens darlegen und es lernen, andere Ansichten und Widersprüche auszuhalten. Das gilt für jedermann, also auch für Lehrer ebenso wie für Schüler!

Auf der Suche nach „Wahrheit" bin doch zuallererst *ich selbst* der Fragende und erst, wenn ich meine Untersuchungsergebnisse *aus eigenen Stücken* formuliert habe, sei es mir gestattet, zur Sekundärliteratur zu greifen und mit deren Hilfe meine Erkenntnisse zu unterfüttern – oder notfalls auch zu korrigieren.

Jede Stimme zählt, jeder Mensch ist bedeutsam und darf seine Meinung äußern - vorzugsweise begründet.

*

Ich erinnere mich an ein Fortbildungsseminar, in dem ich den Auftrag erhielt, gemeinsam mit einer Kollegin insgesamt drei Bilder zu „malen". Bei den ersten beiden Bildern mussten wir beide mit jeweils einer Hand denselben Stift anfassen und durften beim Zeichnen kein Wort miteinander reden. Der

Inhalt des ersten Bildes war vorgegeben: ein Haus, ein Baum, ein Hund.

Beim zweiten Bild galt es, zwei Dinge ohne Absprache darzustellen, die in einem Bezug zu einander standen – aber das Thema war frei.

Beim dritten Bild erhielten wir zwei Stifte und hatten (auch hier stumm) mit Hilfe von Linien, Kreisen und Dreiecken ein abstraktes „Gemälde" anzufertigen.

Wir erledigten unsere Aufgaben heiter und ausgelassen.

Es waren Aufgaben, die sich als Gesellschaftsspiele in geselliger Runde sicherlich empfehlen lassen.

Was aber haben diese Experimente mit dem Demokratiebegriff zu tun?

Ganz einfach: Demokratie ist angewiesen auf das Miteinander, das Zusammenspiel, auf Kooperation, auf Zusammenarbeit, auf Empathie, auf Spürsinn.

Nicht der Eine hat das Sagen, sondern gemeinsam sind wir die Entscheidungsträger.

Kleine Kinder finden es übrigens schrecklich, wenn sich jemand in der Buddelkiste als der „Bestimmer" aufspielt!

Zur Demokratie gehört es, Macht zu teilen, sich selbst freiwillig zurücknehmen zu können, nach den Ideen der Anderen zu fragen, ihren Wünschen nachzugehen.

Demokratie kann autoritäre Drohgebärden ebenso wenig vertragen wie lasche Gleichgültigkeit. Gefragt sind gleichberechtigte Partner und kooperatives

Verhalten. Sie kann durchaus zu individueller Enttäuschung führen, weil sie nicht jedem gerecht werden kann; denn es gilt das Prinzip des Mehrheitsbeschlusses, der die jeweilige Minderheit einbindet und in die Pflicht nimmt.

Jedes Gemeinwesen wird sich jedoch daran messen lassen, wie es berechtigte Einwände und Interessen der Minderheiten berücksichtigt und in seine Entscheidungen einbezieht.

Andererseits kann keine Minderheit für sich beanspruchen, für und über alle verbindlich zu entscheiden. Wir alle und jeder Einzelne können immer nur mit unserer einzigen Stimme an Entscheidungsprozessen teilnehmen.

Wir können unsere Argumente vorbringen und damit versuchen, die Anderen zu überzeugen.

Wir dürfen *mit*entscheiden, aber oft werden wir uns mit einem anderslautenden Mehrheitsvotum abfinden müssen.

Vielleicht gehören wir ja ein andermal zur Mehrheit.

*

Der 08. Mai 1945 hat uns hin zur Demokratie befreit und zu dieser komplizierten Lebensform verpflichtet, die unserer tätigen und andauernden Mithilfe bedarf.

Was im Umgang unter Individuen gilt, muss auch gelten im Umgang der Staaten und Völker untereinander! Aus gutem Grund sind auch supranationale Organisationen letztlich nach demokratischem Muster gewebt.

Wir haben die Chance, die Republik als Staatsform sowie die Demokratie als Regierungsform aus Überzeugung anzunehmen und zu verteidigen sowie das Antlitz unserer Nächsten stets neu zu entdecken.

(J.H., Gemeindeblatt Mariendorf-Süd 05/1995; völlig neu bearbeitet 04/2023)

Am Sederabend

(Impressionen aus Israel)

(Anfangs wollte ich im Jahre 1981 gefühlsmäßig gar nicht mit der Berliner Lehrerkonferenz unter der Leitung von Wilfried Seiring nach Israel fliegen um bei einer Gastfamilie in Netanya Station zu machen und auf Ausflügen, bei Besichtigungen und in Gesprächen Land und Leute kennenzulernen. Später habe ich es allerdings nie bereut, da gewesen zu sein. Allerdings hadere ich seit jeher mit religiösen Vorschriften, vor allem im Alten Testament, weil mir meist nachvollziehbare Begründungen für göttliche Strafen fehlen, die den Menschen nur Angst machen.)

Vor mir liegt die Pessach-Hagadah.

Das **Pessachfest** ist das jüdische Fest der Freiheit, dauert eine Woche lang und erinnert an den Auszug der Juden aus Ägypten und damit an die Befreiung aus der Sklaverei.
Die **Haggada(h)** ist eine Handlungsanweisung für den Seder.
Der **Sederabend** wiederum ist die zeremoniale Mahlzeit am Beginn des jüdischen Pessach-Festes.
Im Bereich der Sagentradition des Alten Testaments, nämlich im Zweiten Buch Mose, wird der Exodus im 12. Kapitel beschrieben.

*

Ich war also als Mitglied der *Berliner Lehrerkonferenz* nach Israel geflogen und fand Quartier in *Netanya*, an der Mittelmeer-Küste, bei einem Musiklehrer-Ehepaar.
Im Jahr darauf statteten sie uns ihren Gegenbesuch in Berlin ab und wohnten bei uns.

Sie hatten mich zum *Sederabend* mitgenommen, aber bevor ich darüber berichte, sollte ich noch etwas über die Regeln dieser Mahlzeit sagen.

Die **Thora**, das sind im Judentum die auf einer Rolle aufgezeichneten fünf Bücher Mose, die in kostbarem Schrein einer jeden Synagoge aufbewahrte heilige Reliquie, verbietet es den Juden um den Preis der Ausrottung ihrer Seelen, während der Pessachtage vom ersten bis zum

siebenten Tag Gesäuertes oder Gesäuertes Enthaltendes zu genießen geschweige denn zu besitzen.
(Nochmals: weshalb nur gelten diese strengen Strafandrohungen?)

Vom Passa-Abend an sollt ihr sieben Tage lang nur ungesäuertes Brot essen. Vor Beginn des Festes müsst Ihr den Sauerteig aus euren Häusern entfernen (2. Mose 12,15).

Sicherlich isst ein jeder von uns hier zu Hause gelegentlich mehr oder weniger gern Gesäuertes: saure Gurken oder saure Eier; gesäuertes Weißkraut oder mit Essig oder Zitronensaft angereicherter Salat.
Wir mögen Joghurt oder Wein und manchmal auch saure Äpfel.
Im Zusammenhang mit dem Sederabend jedoch ist vor allem *gesäuertes Brot* Tabu.
Wer während dieser sieben Tage Brot isst, das mit Sauerteig zubereitet wurde, hat sein Leben verwirkt und muss aus der Gemeinschaft Israels ausgestoßen werden. (2. Mose 12,15)

Zu dieser verbotenen Kategorie gehört mithin jegliche Substanz in fester oder flüssiger Form, sofern sie von einer Getreideart herstammendes Gesäuertes enthält, dazu auch Hülsenfrüchte und Reis.
(Vermutlich auch mein geliebtes Bier – oder?)

Der Hausherr muss sich persönlich davon überzeugen, dass sich nichts Gesäuertes in seinem Besitz befindet. Eigentlich. Er muss alle Räume durchsuchen und in allen Winkeln nachsehen. Dies hat am Vorabend des Pessachfestes zu geschehen und zwar sofort nach Eintritt der Dunkelheit und vor Beginn jeder anderen Beschäftigung.

Auch die Taschen der Kleidungsstücke sind umzukrempeln.

Ebenso wie bei uns dem Busfahrer das Sprechen mit den Fahrgästen während der Fahrt strengstens untersagt ist, hüte man sich als Hausherr eine Unterhaltung mit den Hausgenossen anzuknüpfen. (Eigentlich und strenggenommen)

Auch wenn ihr in das Land kommt (Exodus), das der Herr euch zugesagt hat, sollt ihr an diesem Brauch festhalten (2. Mose 12, 25).

Sofern ich mich daran erinnern kann, waren meine Gastgeber eher moderat-liberalen Geistes, hielten jedoch tendenziell an religiösen Traditionen des Judentums fest. Mir, dem deutschen Gast evangelischen Glaubensbekenntnisses, mussten die Regeln des Sederabends erst nahegebracht werden und zwar auf Englisch, so dass mir damals womöglich einige Feinheiten der religiösen Vorschriften entgangen sind.

*

Die beiden Kinder meiner Gastgeber begaben sich nach altem Brauch am Vorabend des

Pessachfestes tatsächlich in den Hof um dort symbolisch eine Scheibe übriggebliebenen gesäuerten Brotes zu verbrennen. So hatten sie es in der Schule gelernt und so wollten sie es – dem großelterlichen Widerstand zum Trotz – auch halten.

Immerhin sprach der Großvater zuvor ein Gebet und alle anwesenden männlichen Personen bedeckten angesichts der heiligen Handlung ihre Köpfe mit einem Käppchen, einer *Kippa*.

Mir, dem nichtjüdischen Gast, wurde alles übrige des noch vorhandenen gesäuerten Brotes zur Restverwertung zugeschoben, aber ich bestand darauf, mich für die Dauer meines Aufenthaltes den Riten des Gastlandes weitgehend anzupassen und lehnte daher den Verzehr freundlich ab.

Hätte es da, strenggenommen, nicht ein Problem mit mir, dem Gast, dem Ausländer, gegeben? Denn

Kein Ausländer darf daran teilenehmen (2. Mose 12,43).
(...) aber ein Unbeschnittener darf auf keinen Fall teilnehmen (2. Mose 12, 48).

(Das nennt man wohl, auf mich bezogen, *Tragik*: unschuldig schuldig werden.)

Unser Hausherr hatte mir tags zuvor feierlich verkündet, dass er den ganzen Tag unermüdlich die Fußböden gereinigt habe und er musste dies einerseits mit anfänglicher Sorgfalt und andererseits mit bald erlahmendem Eifer getan haben; denn abends um zehn befanden sich immer noch zahlreiche Möbelstücke in heiterer Unordnung.

*

Nun gilt, dass sämtliches Kochgeschirr sowie auch Schüsseln, Teller und dergleichen, die während des Jahres benutzt wurden, zu Pessach nicht gebraucht werden dürfen – es sei denn, Glasgeräte, Holz- und Metallzubehör, Bratspieße, Bratpfannen und Kochherd werden *gekaschert*, also gründlich gereinigt.

Irdenes und Porzellangeschirr können überhaupt nicht gekaschert werden, ebenso wenig wie Messer, bei denen Klinge und Schaft nicht aus einem Stück bestehen, da das siedende Wasser nicht genügend in den Raum zwischen Klinge und Schaft eindringen kann.

Zum Andenken daran, dass Gott in Ägypten einen Unterschied machte zwischen den Erstgeborenen Ägyptens, die vom Tode hingerafft wurden, und den Erstgeborenen Israels, die vom großen Sterben verschont blieben, muss nun jeder jüdische Erstgeborene über dreizehn oder, sofern er jünger ist, für ihn stellvertretend sein Vater, am Pessachfest fasten, es sei denn, er nimmt an einer Festmahlzeit religiösen Charakters teil, die anlässlich der Beendigung des Studiums eines Talmudtraktates veranstaltet wird.

Der *Talmud* wiederum ist ein Sammelwerk des nachbiblischen Judentums.

Von der Mahlzeit am Sederabend will ich nun berichten.

Sie fand statt in einem 3-Sterne-Hotel in Netanya.

Der Einlass war festgesetzt auf 19.00 Uhr, aber die Aufregung im Hause meiner Gastfamilie hatte ihren Siedepunkt schon viel früher erreicht.

Tags zuvor waren die Großeltern mit zahlreichem Handgepäck aus *Tel Aviv* angereist um das Pessachfest mit ihren Kindern und Enkeln und obendrein mit deren deutschem Gast gemeinsam zu begehen.

Sie waren nach ihren eigenen Erklärungen nur von milder Observanz, aber der Sederabend mit seinem rituellen Mahl war ihnen ein besonderes Erlebnis, dessen geheimnisvoller Kraft man sich weder entziehen wollte noch konnte.

*

Bereits am frühen Morgen wurden die Angelegenheiten für den späten Abend gedanklich geordnet und festgelegt. Die Käppchen zur Kopfbedeckung wurden ausgeteilt und der Zeitpunkt des Aufbruchs wurde heftig diskutiert, da man auf keinen Fall den rechten Augenblick verpassen wollte.

Am Nachmittag ruhte die gesamte Familie und fiel endlich in einen gesegneten Tiefschlaf. Gegen 17 Uhr wurden die erwachten Geister von einer fieberhaften Unruhe ergriffen, obwohl der Aufbruch doch erst für 18.15 Uhr Ortszeit festgesetzt war. 18.10 Uhr wäre eigentlich besser und selbst 18.20 Uhr wäre noch nicht zu spät gewesen. Schließlich lag das Hotel fünf Minuten Fußweg entfernt und wir würden uns sputen müssen um gegen 19.00 Uhr pünktlich dort zu sein, zumal die Feier bereits um 20.00 Uhr, spätestens aber bei Erscheinen des dritten Sterns am Himmel und nach dem Eintreffen des Rabbiners beginnen würde.

„Du bist jung," sagte der Großvater zu mir, „Du schaffst den Weg in fünf Minuten; aber ich bin alt. Ich brauche das Doppelte der Zeit."

Um 17.50 Uhr erreichte die hektische Nervosität des Ankleidens und Umziehens ihren vorläufigen Höhepunkt.

Um 18.05 Uhr standen wir allesamt abmarschbereit im Korridor, aber es war noch vor der festgelegten Zeit. Also taten wir noch die eine oder andere Nichtigkeit und brachen schließlich um 18.20 Uhr mit leichtem Zeitverzug auf.

Als wir am Fuße der Treppe angelangt waren, fing ein Nachbar eine harmlose Plauderei mit uns an, so dass es schließlich 18.30 Uhr wurde, als wir vor die Haustür traten.

Die zeitliche Situation begann dramatisch zu werden.

„Du bist jung," sagte der Großvater abermals zu mir, „Du schaffst den Weg schnell. Aber wo Du fünf Minuten brauchst, brauche ich zehn und ich gehe nie schnell."

Im Bummeltempo durchschritten wir die kurzen Straßenzüge, aber an der zweiten Straßenecke hielten es meine Gastgeber nicht mehr aus und eilten mit ihren beiden Kindern voran um mittels ihrer Eintrittskarten günstige Plätze am Tisch für uns zu reservieren.

Ich blieb mit den Großeltern zurück und als wir den zentralen Platz mit der Fontäne überquerten, sprach *Anchel,* der Großvater, der Ex-König des Tanzes und aller Tänzer: „*Alex* und *Chaja,* unsere Kinder, und *Noha* und *Ido,* unsere Enkelkinder, sind noch jung. Sie können schnell laufen. Du bist auch noch jung. Aber *Nelly,* meine Frau, und ich sind alt. Wir können nicht mehr so schnell laufen. Nelly kann noch etwas schneller laufen als ich, aber ich laufe nie schnell. Und wo Du schnell bist, da bin ich langsam, auch am Sederabend. Aber wir werden es noch zur rechten Zeit schaffen. Mache Dir keine Sorgen."

Als wir am Hotel angekommen waren, traten wir durch einen windigen Seiteneingang in den zeltdachartigen Vorbau (vergl. 2. Mose 26, 1 ff.) erhielten einen Tisch angewiesen, keinen runden, wie gewünscht, sondern einen langgestreckten, zwängten uns durch die engen Gassen dichtstehender Gartenstühle, stolperten zu unseren freigehaltenen Sitzen und nahmen inmitten eines ohrenbetäubenden Stimmengewirrs und Umherhastens Platz und harrten nun geduldig der Dinge, die da kommen sollten.

*

Zunächst muss beschrieben werden, was auf dem Sedertisch zu finden sein sollte.

Die Sederschüssel soll enthalten: Matze (ungesäuertes Brot); überdies grünes Kraut, Petersilie und Radieschen; dazu ein Näpfchen mit

Salzwasser; ferner Bitterkraut, Meerrettich und Salat; sodann ein Mus aus Äpfeln, Nüssen und Zimt – mit Wein angerührt.; außerdem einen Knochen mit ein wenig Fleisch daran und auf Kohlen gebraten und schließlich ein Ei, in der Schale gebacken.

Ich verglich diese vorschriftsmäßige Anordnung für den Sedertisch mit der kargen Ansammlung von Essbarem auf meinem Teller:
Da gab es Mazze aus der großen Sparpackung für die ganze Familie, ein Salatblatt, eine gekochte Kartoffel und ein halbes hartgekochtes Ei. Dazu wurde scharfer roter Meerrettich gereicht.

Nun ist es eigentlich jedermanns (zumindest wohl der Erwachsenen) Pflicht, am Sederabend viermal an den in der Haggadah (also der Agenda für den Sederabend) bezeichneten Stellen je einen Becher Wein zu trinken. Das Maß eines Bechers soll wenigstens 1/10 Liter betragen. Da man jedes Mal den größeren Teil des Inhaltes trinken soll, empfiehlt es sich vermutlich, dieses Maß aus naheliegenden Gründen nicht zu überschreiten.
Beim Trinken aus den vier Bechern lehnt man sich auf die linke Seite, etwa so, wie es im Altertum bei freien und vornehmen Männern, die auf Ruhelagern speisten, Sitte war.
Zu meiner Linken saß Nelly, gutgelaunt und übers ganze Gesicht strahlend. Beim Leeren des Bechers würde ich, seitwärts gewandt, vermutlich mit meinem Haupt auf ihrer Schulter parken. Immer noch besser als zur anderen Seite hin; denn zu

meiner Rechten saß ein Problemfall: eine gemütsgestörte, arbeitslose Lehrerin, die laut und monoton und penetrant auf mich einschwatzte, wobei ihr beim Sprechen beständig Speichel- oder Speisereste über die Lippen rannen, die mir bei ihrer Betonung der Explosivlaute gelegentlich als Intensivgeschosse ins Gesicht hagelten. An ihrer Schulter jedenfalls hätte ich nur höchst ungern gelagert, denn ich wollte und durfte ihr nicht ins Garn gehen.

Mir gegenüber saß *Chaja*. An ihrer linken Hand trug sie heute nicht weniger als drei klobige steinbesetzte Ringe; an der rechten Hand waren es derer zwei.
Ihren Hals hatte sie mit mehreren Ketten behängt.
Sanft wurde ich von Nelly angehalten, diese wahre Glitzerpracht auch angemessen bewundernd zu würdigen.

Von rechts schob sich in diesem Augenblick der Ringfinger meiner Nachbarin unter meine Nase. Ein schmaler Ring mit einem kleinen roten Stein schmückte ihre grobgeformte Hand mit den silbrig lackierten Fingernägeln. „Hat 4.000 gekostet," raunte sie mir Erstaunen erheischend zu, wobei sie allerdings die entsprechende und allesbedeutende Währung unerwähnt ließ.
Wahrscheinlich handelte es sich um die alte Pfundwährung, die man durch vierzig teilen musste, um auf den entsprechenden DM-Preis zu kommen.
Für sie war es sicherlich ein Vermögen!

Als der Rabbiner in seinem weißen Habit samt Turban (vergl. 2. Mose 28, 40-43) mit seinem Gesang angefangen hatte, kam Bewegung in die Menge. Da wir im Nebenraum saßen, ging der Manager des Hotels nun endlich daran, den bereitgestellten Lautsprecher anzuschließen; aber ein Wackelkontakt vereitelte zur allgemeinen Betrübnis diesen Plan der Übertragung.

*

Gepriesen seist Du, Herr der Welt, der uns aus allen Völkern erwählt, über alle
Nationen erhoben und uns durch seine Gebote geheiligt hat…

krächzte es aus dem übersteuerten Verstärker. Nach dieser wortgewaltigen Einleitung war der Rabbiner für einige Sekunden nicht mehr vernehmbar. Meine rechte Nachbarin nutzte diese technische Pause um mich nach meinem Alter zu fragen. (Damals war ich vierzig.)

Denn uns hast Du auserwählt und geheiligt aus allen anderen Völkern…

…dröhnte es schmerzhaft in unsere Ohren. Eine Hand von rechts berührte meine Schulter: „Warum willst Du nicht in Israel leben?" raunte sie lockend.

Dieses Jahr – noch hier; im künftigen – im Lande Israel! Dieses Jahr noch
Sklaven; im künftigen – freie Männer….

…verkündete die Stimme. Die Hand von rechts fand derweil zaghaften Halt an meinem Oberschenkel. „Bist Du verheiratet?" säuselte es sanft. „Liebst Du Deine Frau?"

Warum ist diese Nacht so ganz anders als die übrigen Nächte…?

…tönte eine Kinderstimme aus dem Lautsprecher. Die Hand von rechts glitt behände zu meiner Haggadah, die ich vor Aufregung verkehrt herum hielt und zeigte mir jene Stelle, die gerade vorgetragen wurde.

An allen anderen Nächten können wir Gesäuertes und Ungesäuertes essen, in
*   dieser Nacht nur Ungesäuertes…*

Mein Käppchen begann bedrohlich zu rutschen. Ich spürte es.

An allen anderen Nächten essen wir beliebige Kräuter, in dieser Nacht nur
*   Bitterkraut…*

Chaja lächelte mir von der gegenüberliegenden Tischseite mitleidig-huldvoll zu.

An allen anderen Nächten brauchen wir nicht einzutauchen, auch nicht ein
*   einziges Mal, in dieser Nacht zweimal.*

Nelly half mir indessen, meine Kippa hinten festzustecken, was bei meinem lichten Haarkranz schon damals gar nicht so einfach war.

An allen anderen Nächten essen wir freisitzend oder hingelehnt, in dieser Nacht
nur hingelehnt.

In der Tat, heute war irgendwie alles verkehrt! Die Hand meiner Lebenshungrigen war jetzt bis zu meinem Knie gewandert. „Hast Du Kinder? Liebst Du sie?" fragte sie spritzig-feucht.

Sklaven waren wir einst dem Pharao in Ägypten, da führte uns der Ewige, unser
Gott, von dort heraus mit starker Hand und ausgestrecktem Arm.

„Ich bin 35," gab sie preis. „Ich will jetzt endlich heiraten!"

Die Brüder Josefs sprachen zu Pharao: Bloß um vorübergehend im Land zu
verweilen sind wir gekommen; denn das Vieh deiner Knechte hat keine Weide
mehr, denn drückend ist die Hungersnot im Lande Kanaan. Lass doch deine
Knechte im Lande Goschem wohnen…

„Ich suche einen Mann, der es gut mit mir meint," raunte es von rechts.

Und die Ägypter machten uns schlecht und bedrückten uns und legten uns
  schwere Arbeit auf.

„An Sex bin ich nicht mehr interessiert, nur an reiner Liebe," flötete sie. "Mit ihm will ich diskutieren und das Schöne erleben."
Mir war klar, dass ihr Traumprinz bei ihr nicht viel zu sagen haben würde und keineswegs zu ihrer Linken saß.

Es geschah in jener langen Zeit, da starb der König von Ägypten und die Kinder
  Israels seufzten wegen der Knechtschaft und sie schrien und ihr Flehen stieg von
  der Arbeit zu Gott empor.

Als der Lautsprecher zum wiederholten Male ausfiel, sprach sie mir aus der Haggadah reihenweise Hebräisch vor und ich wiederholte gehorsam die Zeilen, über die ihre Finger eilig glitten, ohne dass ich inmitten des allgemeinen Lärms den Sinn des Gelesenen auch nur ansatzweise hätte erkennen oder korrekt hätte aussprechen können.

Der Einzige führte uns aus Ägypten mit starker Hand und mit ausgestrecktem
  Arm, mit großer Furchtbarkeit, mit Zeichen und Wundern…

…ließ sich der Rabbiner noch einmal vernehmen.

Mit zehn Plagen wurden die Ägypter damals gepeinigt: in der Form von Blut und Fröschen, Ungeziefer und Wild, Pest, Aussatz und Hagel, Heuschrecken, Finsternis und Erschlagen des Erstgeborenen.

„Ich hasse *die* Deutschen," dröhnte es plötzlich von rechts in mein Ohr. "Bis auf meine Mutter sind alle in Auschwitz umgekommen."
Ehrlich gesagt – diese Wendung tat weh!

*

Die Verbrechen von Auschwitz sind mir damals in Israel des Öfteren vor Augen geführt worden und sie haben bei vielen Überlebenden oder deren Angehörigen traumatische Spuren hinterlassen. "Einmal Auschwitz ist genug," hatte unser Ansprechpartner *Eliahu* auf den Golan-Höhen erklärt und damit die Verteidigungsmaßnahmen des Staates Israel und sein fortwährendes Misstrauen gegenüber der Welt lakonisch begründet.

Was meine Nachbarin derart eruptiv geäußert hatte, war grundsätzlich bedenklich; denn diese Äußerung enthielt doch - allein schon bewirkt durch den grammatischen Gebrauch des bestimmten Artikels *die (Deutschen)* eine für meine Begriffe unzulässige Verallgemeinerung, die auch mich, den später Geborenen, rückwirkend in ein Kollektivgefängnis sperrte, aus dem es kein Entrinnen gab.
Hier deutet sich ein tragisches Moment an; denn wird es mir jemals noch gelingen, durch die Welt zu

reisen, ohne die deutsche Schuld im Gepäck und dazu noch die Schuld des weißen Mannes?

*

Zurück zum Sederabend:

Der Allmächtige hatte also, des Bundes mit Abraham gedenkend, dem Volke Israel eine Wohltat erwiesen.
Er hatte sie aus Ägypten herausgeführt, über die Ägypter Strafgerichte verhängt, deren Götter nicht verschont, deren Erstgeborene getötet, deren Habe den Israeliten gegeben, für sie das Meer gespalten, sie trockenen Fußes hindurchgeführt, ihre Verfolger darinnen versenkt, für ihre Bedürfnisse in der Wüste vierzig Jahre reichlich gesorgt, sie mit Manna gespeist, ihnen den Sabbath geschenkt, sie zum Berge Sinai geführt, ihnen die Thora gegeben, sie ins Heilige Land gebracht und ihnen den Tempel erbaut um ihre Sünden zu sühnen.

Welche Funktion mag die alljährliche Verlesung der Haggadah haben?

Nun, sie wird verlesen im Gedenken eines anderen Traumas, nämlich des ägyptischen Joches, des Auszuges der Kinder Israel aus dem verwünschten Land.
Es ist die Geschichte der späten Befreiung.
Erneuert diese Lesung nicht stets das alte Feindbild?

Und mit diesen Feinden wurde ja in grauer Vorzeit keineswegs zimperlich umgegangen.

(Merkwürdig, wie ungleich der Barmherzige oft mit seiner eigenen Kreatur, mit den Menschen, verfährt und wie unberechenbar und ohne erkennbaren Plan.)

Ich fragte meine aufdringliche Nachbarin, weshalb sie ausgerechnet die Sprache meines ihr verhassten Landes und Volkes lernen wolle.

Ihre Antwort ging entweder im Getöse unter oder aber ich verstand sie nicht.

*

Meine Gedanken begannen zu kreisen um die Begriffe der *Kollektivschuld* und der *Kollektivhaftung*.

Das unheilvolle Wort *„Die* Juden sind unser Unglück" hatte einst der Herr Professor *Heinrich von Treitschke*, Ordinarius für Geschichte an der damaligen Friedrich-Wilhelms-Universität in Berlin, der *Alma Mater Berolinensis*, im Herbst 1879 in Umlauf gesetzt. Auch er, der damals angesehene deutsche Gelehrte, hatte unzulässigerweise verallgemeinert. Er hatte ein Kollektiv für schuldig befunden.

Unmittelbar im Anschluss an mehrere Reden des Hofpredigers *Stoecker* und des Historikers Treitschke hatte der jüdische Philosoph und Professor ebendieser Universität Berlin, *Dr. Moritz Lazarus*, einen Vortrag gehalten und darin gefragt, wann endlich die barbarische Logik aus den Köpfen verschwinden würde, an die Stelle des Einzelnen oder des Besonderen in der Erfahrung das Allgemeine ins Urteil zu setzen und was die Logik nütze, wenn man an entscheidender Stelle, da, wo es sich um Wohl und Wehe, um Ehre und Ruf von Tausenden und Abertausenden handle, mit einem aller Logik so sehr wie aller Gerechtigkeit spottenden Leichtsinn anstatt *den* oder *einige* Juden ohne weiteres *die* Juden setze.

(Auf die gebotene Zurückhaltung beim Gebrauch des bestimmten und heraushebenden Artikels habe ich gelegentlich meine Schüler hingewiesen, die oft voller Begeisterung die Einwohner ihrer jeweiligen Gastländer allesamt und kollektiv und durchgängig in Verbindung mit dem bestimmten Artikel mit meist positiven Attributen belegten.)

Meine Nachbarin zur Rechten hatte mich also mit ihrer Bemerkung in das allgemeine Gefängnis des Gesamturteils gesperrt. Ihre Hand auf meinem rechten Arm schien jedoch anzudeuten, dass sie zumindest in Bezug auf *meine* Person eine Ausnahme zu machen bereit war, ein Angebot, das sie tags darauf beim Abschied mit einem Kuss auf meine Stirn bekräftigte.
Sie musste mich am Ende gedanklich loslassen und ich meinerseits wollte sie nie und nimmer in jedweder Beziehung festhalten!

*

Nochmals zurück zum Sederabend:

Die Haggadah erklärt den Symbolwert der Speisen auf dem Sedertisch folgendermaßen:
Die Mazze deute darauf hin, dass der Teig der Väter Israels bei der Flucht aus Ägypten nicht mehr Zeit hatte um zu säuern.
Das Bitterkraut sei Zeichen dafür, dass die Ägypter ihnen das Leben durch harte Arbeit mit Lehm und Ziegeln und allerlei Arbeit auf dem Felde verbitterten.

So verzehrten wir also, was auf unseren Tellern lag und labten uns darauf an Knödelsuppe und an Fisch, an Huhn und Pastete und an Eis und Getränken, Wein und Kognak und Saft. Vergessen war der Rabbiner, vorbei war der erste Teil mit der Lesung zur Sederfeier. Und es gab *kein* Lamm!

Sie braten das Lamm am Feuer und essen es in derselben Nacht, zusammen mit ungesäuertem Brot und bitteren Kräutern. Ihr dürft nichts von dem Lamm roh oder gekocht essen. Es muss am Feuer gebraten sein, und zwar ganz, mit Kopf, Beinen und Innereien. Ihr dürft auch nichts davon bis zum anderen Morgen übriglassen. Die Reste müsst ihr verbrennen (2. Mose 12, 8-10).

Dieser Tag soll euch ein Gedenktag sein, der in allen kommenden Generationen als Festtag für mich (Gott) gefeiert wird. Das ist eine Anweisung für alle Zeiten (2. Mose 12, 14).

Ich litt am Ende der Mahlzeit unter einem quälenden Völlegefühl, weil nichts vom pauschal bezahlten Gericht verschenkt werden sollte.

Mein Kopf schmerzte und als mich Nelly in der lauen Sternennacht auf dem Heimweg bekümmert fragte, ob mir angesichts der missglückten Tonübertragung und der eigentlich unzumutbaren Aufdringlichkeit meiner Nachbarin zur Rechten dieser Abend nicht einigermaßen vergällt worden war, konnte ich ihr ehrlichen Herzens entgegnen, dass ich ihn wohl zumindest stets in Erinnerung behalten würde.

*

Ich hing meinen Gedanken nach:

Neben mir hatte eine unglückliche Frau gesessen, enttäuscht und alleingelassen, angsterfüllt und verzweifelt, fast ohne Hoffnung auf eine lebens- und liebenswerte Zukunft.

Gewiss, dies waren altbekannte und stets wiederkehrende Motive, über die wir eigentlich kommentarlos hinweggehen könnten; denn sie dürften uns ja im Angesicht der Weltgeschichte kalt lassen.

Sozusagen ein unbedeutendes Einzelschicksal.

Aber was bedeutet schon die Weltgeschichte für denjenigen, der seine Sehnsüchte und Wünsche unerfüllt verdrängen und begraben muss?

Graham Sutherland, ein zeitgenössischer englischer Maler, hat das Leben einst mit einem Dornenbaum verglichen und ein Bild dazu gemalt – recht abstrakt in seinen kalten Farben in silbrig und blau, jedoch erkenn- und deutbar. Der *Thorntree*, der Dornenbaum, ist ein altes Gehölz, knorrig und unverwüstlich, sich selbst vermehrend.
Mit seinen Saugwurzeln erfasst er alles Mögliche und ist offenbar nicht auszurotten.

(J.H. 1981, bearbeitet 04/2023)

Solange die Erde steht, soll nicht aufhören...

Vor Jahrzehnten erschien im *Tagesspiegel* inmitten des Kalten Krieges eine Karikatur, die jeweils einen Vertreter der *Nato* und des *Warschauer Paktes* mit ihrem Atombomben-Arsenal im Hintergrund zeigte.
Sagte der Eine: „Ich kann Dich 500mal töten."
Prahlte der Andere: „Und ich Dich 600mal."
War das damals eine Karikatur zum Schmunzeln oder zum Fürchten?
Wäre eine der Aussagen je Realität geworden, wie hätte sich das Überleben der Wenigen gestaltet?

Und hätte es sich überhaupt noch gelohnt weiterzuleben?

*

Tief unter dem Kudamm-Karrée befand sich früher ein funktionstüchtiger Strahlenschutzbunker, der maximal 3.500 Menschen, also rund ein Tausendstel der damaligen Bevölkerung Berlins, hätte aufnehmen können. Wer zuerst gekommen wäre, hätte dort im Ernstfall vielleicht Aufnahme gefunden. (Vielleicht hätten wir in Ku'damm-Nähe ziehen sollen, war doch unser Wohnort *Mariendorf* meilenweit von dort entfernt)
In den 70er Jahren errichtet, war dieser Bunker ein Relikt des Kalten Krieges, einstmals gedacht für den Ernstfall und letztlich wohl doch nicht mehr als eine Illusion, ein Trostpflaster.
Er enthielt eine bunkereigene Sauerstoff-, Strom- und Wasserversorgung für rund zwei Wochen; dazu Küche und sanitäre Einrichtungen.
Nähere Informationen können wir noch heute im Internet erhalten.

…Saat und Ernte…

Am Wochenende des 13./14. November 1999 fand eine gemeinsame Aktion der Ausstellung *The Story of Berlin* und des *SFB* (heute rbb) statt – 25 Stunden lang (und mit hohem finanziellen und publizistischen Aufwand) Überlebenstraining im Bunker.

289 Personen (und nicht 3.500!) stiegen am Samstag um 10 Uhr die Treppen hinunter und harrten – begleitet von Sanitätern, Psychologen, Aufsichtspersonal, einem TV-Team des SFB und zahlreichen Journalisten – bis zum Brunch am Sonntag um 11 Uhr hinter den verschlossenen schweren Stahltüren aus.

Kein Fernsehen mehr, keine Zigaretten, kein Alkohol, keine Handys, keine Hunde – und fehlte sonst noch etwas?

Geschlafen wurde auf Pritschen, feldbettartig in drei bzw, vier Stockwerken aufgebaut.

Hart war es unter meiner Decke, kühl und unbequem.

…und Frost und Hitze…

Die *Werner-von-Siemens-Oberschule* in Berlin-Nikolassee („mein" Gymnasium) war zu diesem Event eingeladen worden und mit acht Schülerinnen und Schülern unserer Oberstufe war ich als begleitender Lehrer dabei.

Unter Tage begegneten wir nicht nur anderen Mitbürgern unterschiedlicher Altersgruppen aus Ost und West, sondern auch einer Schülergruppe der *Pascal-Oberschule* aus Berlin-Lichtenberg.

Dies war die uns von der Senatsschulverwaltung nach der Wende zugewiesenen Partnerschule.

Es war Zeit genug, intensive Gespräche zu führen mit *Frau Scheiding*, der begleitenden Lehrerin aus

Lichtenberg, und wie erfrischen empfand ich die Offenheit und Freundlichkeit ihrer Schüler!
Da gab es keinerlei Kommunikationsprobleme zwischen uns.

…und Sommer und Hitze…

Unter den Bedingungen des simulierten Ernstfalles fühlten wir uns in einem Boot, erlebten das Gleiche unter denselben Bedingungen, rückten sozusagen zusammen und entdeckten die ganz private Seite im Gegenüber.
Gespräche halfen Brücken bauen zu den anderen, uns zunächst völlig Unbekannten.
Menschen im Halbdunkel – und dazu zählte ich auch die zahlreichen Reporter und Journalisten, die Sanitäter und Psychologen vom Dienst.

Nach Mitternacht, so gegen 02.00 Uhr, war es mir in einem SFB-Interview wichtig, festzuhalten, dass das oft bemühte Klischee von den *Mauern in den Köpfen* wohl keine Allgemeingültigkeit besitze, gegebenenfalls mit Toleranz überwunden werden könne und für viele von Anfang an gar nicht bestanden habe oder längst überwunden sei.
Insbesondere die junge Generation, so glaubte ich, sei in dieser Sache im Lehrbuch schon viele Lektionen voraus!

...und Tag und Nacht...

Wie soll ich die Stimmung im Bunker beschreiben?
Der Grundton war friedlich, teilweise fröhlich, locker
und gelöst – es war ja auch kein Ernstfall und
niemand brauchte sich um seine Angehörigen „da
oben" zu sorgen. Aber ich könnte mir gut vorstellen,
dass bei größerer räumlicher Enge und längerer
Verweildauer Aggressionspotenzial (besonders und
auch im Ernstfall) schnell freigesetzt und die
Unzufriedenheitskurve progressiv steigen würde.
Bei sinkender Toleranzschwelle dürfte die heitere
Gelassenheit schnell in Niedergeschlagenheit
umkippen. Es ist nämlich gar nicht so einfach, sich
selbst und andere aufzuheitern; sich kreativ mit sich
selbst zu beschäftigen und seine Langeweile zu
überwinden. Wie ließe es sich geduldig bei Gulasch
und Brot aus der Büchse, Tee und stillem Wasser
zwei Wochen da unten mit heiterer Miene und
Gleichmut aushalten?
Glücklicherweise wurde der Ernstfall nur *geprobt*
und daher empfanden viele von uns diese
Veranstaltung eher als ein *Happening*, werbe- und
medienwirksam in Szene gesetzt.
Weshalb sollten wir uns also geduckt-mausgrau und
bierernst-angstvoll verhalten?

*

Es wären sicherlich Gespräche am runden Tisch
möglich gewesen, Diskussionen über Themen, die
uns womöglich auf den Nägeln brannten. Unsere
beiden Schülergruppen jedenfalls äußerten den

Wunsch nach einem Nachgespräch, zu dem uns *Herr Dr. Maierski,* der Generalbevollmächtigte der Ausstellung, spontan einlud.
(Hat es eigentlich je stattgefunden?)

*

Im 1. Mose 8,22 heißt es: *Solange die Erde steht…*
Oder könnten wir auch sagen: *Solange die Erde bewohnbar ist?*
Hier wird keine Zusage auf Ewigkeit formuliert, sondern eine bedeutungsschwere Einschränkung, eine Bedingung, ausgesprochen.

*

Nach bald einem Vierteljahrhundert vermag ich nicht zu sagen, ob und wie diese Bunkernacht bei den Teilnehmern nachgewirkt haben mag. Ich selbst hatte sie irgendwie verdrängt (oder gar vergessen?), weil sie mich vermutlich nicht wirklich berührt oder ich den Zweck der Übung nicht erkannt hatte. Auch könnte ich heute nicht mehr sagen, welche Schülerinnen und Schüler unserer Schule überhaupt daran teilnahmen. Die Kontakte zu den Kolleginnen und Kollegen unserer damaligen Partnerschule in Lichtenberg brachen ab, zumal es dieses Gymnasium gar nicht mehr gibt.

Glücklicherweise ist während der langen Bunkernacht über uns draußen der Ernstfall nicht eingetreten. Was wir aber schon vorher wussten, war uns hinterher sonnenklar: Bei Eintritt eines

atomaren Supergaus ist es allemal zu spät, nämlich fünf *nach* zwölf!
Die Chance des Lebens wäre dann vertan, unsere Region unbewohnbar – unumkehrbar, lässt sich doch bekanntlich das Rad der Zeit nicht zurückdrehen.

(J.H. Gemeindeblatt Mariendorf-Süd 02/2000; bearbeitet 04/2023)

Das Gegenwartsfenster

Was immer uns mit Staunen packt,
Geschieht im Drei-Sekunden-Takt.

Es ist der Rhythmus der Natur,
Der vorgibt drei Sekunden nur,
Bevor das Auge weiterspringt,
Ein neues Stück Musik erklingt,
Ein Sprechtakt - Zeit zum Denken schenkt,
Bis Gleichklang unsre Sinne lenkt.
Ein Handschlag dauert ungefähr

So drei Sekunden und nicht mehr.

Ich wink Dir nach für kurze Zeit
Und bleib zurück in Einsamkeit.
Dein Bild verblasst in meinem Denken,
Muss der Vergangenheit Dich schenken.

Ob wir noch eine Zukunft haben?
Die Antwort wird das Morgen sagen.

(J.H. 2011)

Erinnern und Wiedererkennen

Viele von uns gehören zweifellos zu den „Jägern und Sammlern", zu jenen Menschen, die (fast) alles aufbewahren und kaum etwas wegwerfen können; auch zu jenen, die sich gern erinnern.

Vielleicht sind deshalb nur wenige unserer Privatbriefe im Papierkorb gelandet und könnten uns bei Bedarf helfen in alten Erinnerungen zu schwelgen und vergangene Tage wieder aufleben zu lassen. Wir würden uns an liebgewordene Orte und uns ehemals vertraute Menschen erinnern, selbst wenn alte Verbindungen zu diesen einstigen Weggefährten abgebrochen sein sollten und ein Wiedersehen mit ihnen weder angesagt noch möglich wäre.

Wertvolle Erfahrungen und Erinnerungen hüten wir wie einen Schatz. Auf alten Fotos bleiben uns vertraute Gesichter jung - scheinbar auf ewig. In Wirklichkeit sind sie natürlich gealtert aber selbst in alt gewordenen Gesichtern könnten wir heute wohl am besten anhand ihrer Augen und ihrer individuellen Stimmen einen Ähnlichkeitswert mit früher erkennen. Es sind nunmehr Gesichter, die wir bei unverhoffter Begegnung unterwegs nur mit Mühe wiedererkennen würden.

Ich erinnere mich an Klassentreffen Jahrzehnte nach der Schulentlassung, auf denen wir uns einander erst einmal gegenseitig namentlich vorstellen mussten. Wie hatten wir uns einerseits äußerlich verändert und wie waren wir uns doch andererseits in unserem Wesen gleichgeblieben.

Wenn ich heute meine alten Zensurenbücher und Namenslisten aus 36jähriger Berufstätigkeit und lange Zeit nach der Pensionierung durchgehe, sind mittlerweile die meisten Namen ehemaliger Schüler für mich nur noch Schall und Rauch. Ich sehe sie mit meinem inneren Auge als meine Schüler *nicht mehr* wirklich vor mir.
Wie mag ihr Leben im Vergleich zu ihren damaligen Wünschen und Zielen verlaufen sein?

Ob und wie mögen sie von ihrer damaligen Schule geprägt worden sein?

Ob wir sie dazu befähigen konnten, das Leben zu bestehen?

Ob sie überhaupt noch leben?

*

Am Tage meiner Konfirmation im Jahre 1955 lud mich ein junger Mann (*Gundolf Herz*) in die Junge Gemeinde ein und es gelang ihm, mich dort auf Dauer zu verankern, damals in Alt-Schöneberg. Ich nahm seine Einladung an.

Gemeinsam waren wir „auf Fahrt", gemeinsam haben wir gesungen und die Bibel studiert. Gern erinnere ich mich an ihn, den späteren Pfarrer, und betrachtete unsere Begegnung als eine mich prägende Fügung.

Es war dort, wo mir einer der drei Gemeindepfarrer (Dr. Jürgen Boeckh) bald zu einem meiner selbsterwählten geistigen Väter wurde.

Es war dort, wo mich ein Kantor (Johannes Günter Kraner) an die großen Werke geistlicher Chormusik heranführte und mein musikalisches Verständnis förderte.

Wie gern erinnere ich mich an diese Phase meines noch jungen Lebens und wie vieles lebt in mir nach! Manchmal habe ich das Gefühl, als verbinde mich ein unsichtbares Band mit jenen Leitbildern von einst.

So unwiederholbar die damaligen Erlebnisse sind, so unverlierbar sind sie zugleich. Unverlierbar selbst dann, wenn auch fast alle Weggefährten von einst aus dem Zug, den wir das Leben nennen, vor mir ausgestiegen sind.

Wir werden von anderen Menschen geprägt, wir prägen wiederum andere und wenn wir danach fragen, was uns mit ihnen allen verknüpft, dann sind es wohl das Netz der Gemeinsamkeiten, einzelne Werthaltungen, das gemeinsame Erleben, die gegenseitige Zuneigung und die Bedeutung, die wir einander einst zumaßen.

Erinnerung lässt die Vergangenheit aufleben und formt unsere Gegenwart. Sie reicht maßstabgebend in unsere Zukunft.

Zugegeben, manche Erinnerungen, insbesondere an Jugendsünden, beschämen uns noch heute; aber unsere Scham ist schließlich ein Beweis dafür, dass wir offenbar innerlich gereift sind und Gut und Böse, Falsch und Richtig mittlerweile mit sicherem Urteil unterscheiden können.

Liebgewordene Erinnerungen sind uns zu Freunden geworden und stimmen uns mitunter wehmütig. Sie gehören zu uns und machen einen Teil von uns aus, solange wir noch uns selbst und unsere Umwelt mit vollem Bewusstsein wahrnehmen können.

Ob wir uns in ihnen immer noch wiedererkennen?

(J.H., Mariendorfer Gemeindebrief 11/2004; gekürzt und bearbeitet 04/2023)

Gratulation zum 60sten Geburtstag

Bist alt mit sechzig? Bist noch jung?
Zählt`s Jetzt, zählt die Erinnerung?

Du fühlst Dich manchmal alt und steif,
Doch öfter noch fühlst Du Dich *reif!*

Wir kennen Dich – Du bist nicht alt!
Bist hühnenhaft noch von Gestalt.

Du bist im Geist noch völlig jung,
Intakt, elastisch, voller Schwung.

Du zeigst Gefühl – und manchmal Zorn,
Pfeifst gern auf Fingern, blickst nach vorn,

Entwickelst dabei viel Gespür
Und öffnest Neuem gern die Tür.

Du liebst die Eintracht – nicht den Streit
Und lachst gern voller Heiterkeit.

Dein Weihnachtsstern, *Dein* Weihnachtsbaum,
Sie geben Wärme unserm Raum

Der Schule, unserm zweiten Leben,
Das *uns* gibt und dem *wir* geben.

Du führst Gespräche von *der* Art,
Die, penetrant und delikat,

Die Forschheit jener offenbaren,
Die hier beschwerdeführend klagen.

Schreibst Gutachten und Noten,
Zerschlägst so manchen Knoten,

Verschnürend ein Problempaket,
Bevor die Lösung wär' zu spät.

Auf Dich warten heut' und morgen
Neue Fragen, ernste Sorgen;

Wälzt Du im Albtraum Dich wie wild?
Nun – schöpfe Trost aus folgend' Bild:

Du stehst im Zug – die Bahn bald hält,
Die Tür von Menschen vollgestellt.

Du fragst: Wie komm' ich hier heraus?
Doch plötzlich...steigen alle aus.

Leben heißt *bewegen*
Sich und dabei streben

Unter Einsatz, wie im Spiel,
Hin zu vorgefasstem Ziel.

Leben, das ist *Geben*
Stets und niemals Stehen,

Rasten und Verharren.
Die *so* tun, sind Narren!

Wir sind beglückt, dass es Dich gibt,
Wirst respektiert und auch geliebt.

Der *Butler James* trinkt auf Dein Wohl
Und ruft ein knarzend-krachend **Skål**!

(J.H. 03/05 für *Dirk Reich*; überarbeitet 04/2023)

Gratulation zum 70. Geburtstag

Das folgende Gedicht war gewidmet Joachim Stoewer, vormals Pfarrer an der ev. Kirchengemeinde Mariendorf-Süd. Gemeinsam mit Dagmar, seiner Frau, sang er in der dortigen Kantorei, der auch ich damals hintereinander unter Michael Roth, Stephan Harder und René Schütz angehörte.

Das Schiff, das sich Gemeinde nennt
Und Gott als Käpt´n anerkennt
Samt Jesus Christus, seinem Sohn,
Zur Rechten dort, auf hohem Thron,
Kennt Dich als Pastor, Jahr um Jahr,
Denkt gern zurück, wie´s früher war.

Getauft, gepredigt, konfirmiert
Hast Du – gelehrt und instruiert
Die – ineinander so verschossen –
Den Ehebund vor Dir geschlossen.

Hast Menschen wachsen, reifen seh´n,
Hast Dich bemüht, sie zu versteh`n.
Hast sie gesegnet, Trost gespendet,
Als ihre Lebensbahn geendet.

Und Deiner Stimme edler Klang
Füllt heut' noch Räume bis zum Rang,
Wenn Du die Messe zelebrierst
Und die Agende tirilierst.

Drei Söhne hast Du großgezogen
Und glaubtest stets, dass Dir von oben
Auch Hilfe kommt an dunklen Tagen,
Der Weisheit Rat in schweren Fragen.

Ich sehe Dich und weiß genau,
Viel wirkt in Dir durch Deine Frau,
Die mit Dir fühlt, sich für Dich freut
Seit Jahren schon und auch noch heut´
Und morgen - und noch lange Zeit

Die Hand Dir reicht in Heiterkeit.

Zieht Euren Weg, der Euch bereitet,
Wobei Euch unser Wunsch begleitet,
Dass dieses Leben – welch ein Spiel –
Euch führen mag zum großen Ziel.

(J.H. 16.01.1999, b. 03/2023)

Körperwelten – oder Stoff zum Nachdenken

Miranda war neun, ihr Bruder *Paul* zwölf.
Ihre verstorbene Großmutter hatte auf ihrer Farm in Texas einen Privatfriedhof anlegen lassen und als nun das Land zum Verkauf anstand, wurden die exhumierten Gebeine der dort beigesetzten Verwandten auf einen öffentlichen Friedhof überführt.
Zurück geblieben waren etliche Erdgruben, in denen Miranda und Paul auf Entdeckungsreise gingen.
Im Grab ihres Großvaters entdeckte Miranda nach einigem Herumstochern in einem modrigen Erdklumpen eine kleine Silbertaube, einst Zubehör des Sargdeckels.

Paul fand einen goldenen Ring, den er nach einigem Hin und Her gegen Mirandas Fund austauschte. Sie drehte den Ring zwischen Daumen und Zeigefinger.
Weshalb trugen Menschen Ringe?

Auf dem Heimweg zielte Miranda, an der ein Junge verlorengegangen zu sein schien, mit ihrem Gewehr, einer Winchester 22, auf ein Kaninchen beim Hakenschlagen. Sie traf es mit einem perfekten Kopfschuss und beide Geschwister entdeckten im von Paul sezierten Leichnam des Tieres, dass die Kaninchenmutter trächtig gewesen war. Magisch angezogen, berührte Miranda ohne Angst, sondern eher erstaunt, mit ihrer Fingerspitze eines der ungeborenen Hasenkinder. Paul weinte, als beide die Kaninchenmutter begruben und hielt seiner jüngeren Schwester eine Standpauke.

Was für ein Tag für Miranda!

Da waren sie auf die Spuren von Verstorbenen gestoßen, da hatte sie andachtsvoll den alles Leben zerstörenden und von ihr mutwillig herbeigeführten Tod einer Häsin und die damit verhinderte Geburt ihrer Jungen betrachtet.

Diese Kurzgeschichte „The Grave" (das Grab) schrieb *Katherine Ann Porter* im Jahre 1935, eine Begebenheit, die wiedergibt, wie Kinder auf Entdeckungsreise in Berührung kommen mit der Welt des Echten – hier dargestellt am Beispiel des Werdens und Vergehens. Leben und Tod werden wahrgenommen als ein furchterregendes oder doch zumindest staunenswertes Ereignis.

*

In Kenntnis der auch und gerade von Seiten der Kirchen geführten ernsten Kontroversen über die im Folgenden kommentierte Ausstellung, bin ich damals eingetaucht in *Professor Gunther von Hagens* „Körperwelten" am Ostbahnhof.

„Die Faszination des Echten", so stand es auf dem Führer durch die Ausstellung. Plastinate wurden ausgestellt – neuartige Präparate des menschlichen Körpers in Scheibenform oder im Längsschnitt, expandiert oder als Torso, als Schubladen- oder Ganzkörper-Plastinat. Der Bewegungsapparat kam zur Darstellung genauso wie das Nervensystem; die Atmungsorgane sowie das Herz-Kreislauf-System wurden erklärt; der Verdauungstrakt wurde vorgeführt ebenso wie die Nieren.

Miranda hätte so manches erfahren über die Fortpflanzungsorgane und die vorgeburtliche Entwicklung des Embryos.

Es wurde gezeigt, wie ein Oberschenkelhalsbruch geschient und verschraubt wird und wie schwarz eine teerverseuchte Raucherlunge aussieht, wie man sich einen Leistenbruch vorzustellen hat und wie ein krebsbefallenes Organ aussehen kann.

Weshalb nur waren wohl die meisten Besucher von nah und fern herbeigeströmt und hatten lange Wartezeiten in Kauf genommen?

Sicherlich wollten sie den „Muskelmann" sehen und die „Schwimmerin", den „Läufer" und den „Fechter",

den „Lassowerfer" und den „Schachspieler", vor allem aber Ross und „Reiter".
Überall standen Ganzkörperplastinate, am besten durch Rundumbetrachtung in Augenschein zu nehmen.

Welche Motive wiederum mögen diese ehemals Lebenden dazu veranlasst haben, durch schriftliche Verfügung ihre ausgeschlachteten Körper nach ihrem Tod als Ausstellungsstücke freizugeben? Hatte das Geld sie gelockt oder die Illusion, der Vergänglichkeit wenigstens ein stückweit zu entkommen?

Haben wir nicht in der Schule erfahren, dass es bereits in der Antike für *Antigone* eine Selbstverständlichkeit gewesen war, ihren toten Bruder *Polyneikes* würdig zu bestatten? Dem königlichen Gebot des *Kreon* zuwider, und würde es ihr Leben kosten!?

*

Nochmals:
Welche Motive könnten Menschen auf die Idee kommen lassen, ihre Körper nach dem Tod Professor Gunther von Hagens Ausstellung „Körperwelten" zur Verfügung zu stellen?
Aus welchen Himmelsrichtungen mögen sie gekommen sein?
Waren es wirklich alles „Freiwillige"?

Ich habe folgende erläuternde Erklärungen zur Wiedergabe ausgewählt:

Das „natürliche Kunstwerk Mensch" solle interessierten Menschen nähergebracht werden.
Der Nachwelt solle durch die Erforschung des bereitgestellten Körpers geholfen werden.
Es sei schließlich eine Möglichkeit, dem Begraben-Werden zu entkommen.
Nach der Plastination könne dem Tod absolut ruhig entgegengesehen werden; innere Ruhe und Freude seien beim Spender eingekehrt.
Wenn die Welt zugrundgehe, wenn Christus wiederkomme, dann werde er das Plastinat auferwecken mit neuem Körper, so wie es in der Bibel geschrieben stehe.

*

Es war ein Gestaltplastinat ausgestellt, welches seine Haut wie einen Taucheranzug in seiner Rechten hielt. Der Betrachter erfuhr, dass uns allein die *Haut* Form, Jugendlichkeit und Schönheit verleihe oder – in Abstufungen – eben das Gegenteil davon.
Ich fühlte mich an meine Berufsschulzeit erinnert, wo es im Fach Buchführung hieß:
Brutto minus *Tara* (=Verpackung) ergibt *Netto*.
Die menschliche Haut, die Tara, (also die Verpackung), verhüllt gnädig den unansehnlichen Rest – unser „Innenleben". Letzteres wurde hier zur Schau gestellt.

Das menschliche Nettoprodukt wäre schwerlich Gegenstand unserer ernstgemeinten gegenseitigen Liebeserklärungen.
(Man stelle sich nur das Liebesgeplänkel zweier sich begegnender Gestaltplastinate vor!)

Als ich die „Liegende Frau im achten Schwangerschaftsmonat" betrachtete, hatte ich eine Art Vision:
Miranda, das neunjährige Mädchen aus Texas, das in offenen Gräbern herumgekrochen war und das trächtige Kaninchen geschossen und die noch ungeborenen Jungen berührt hatte, erschien mir nun in meiner Welt der Vorstellung als reife Frau, in altersloser Anmut, in makelloser „Verpackung", sozusagen.

- *„Ach, Miranda,"* stoßseufzerte ich, *„mussten denn wirkliche Menschen darüber verfügen, einst als Körperspender für diese Ausstellung herzuhalten? Hätten nicht künstliche Modelle oder Computeranimationen gereicht?"*

- *„Wärst Du dann gekommen?"* fragte sie, nach meinem Geschmack etwas spitz.

- *„Ach, Antigone!"* wehrte ich ab.

- *„Nenne mich nicht Antigone! Ich heiße Miranda, eine Silbe weniger!"*

- *„Ich musste eben an Antigone denken. Die hat ihren Bruder wenigstens würdig* *begraben, obwohl sie doch bloß eine Heidin war."*

- *"„.B.l.o.ß"*, sagte Miranda gedehnt und leicht spöttisch. *By the way (Übrigens), wem haben denn diese Körperspenden ernsthaft geschadet? Wenn jemand, der seinen Körper nach eigenen Aussagen geschunden, vernachlässigt und missachtet hat, diesen der Nachwelt als ein warnendes Beispiel präsentiert – hat er damit auch nur eine Spur von Schuld auf sich geladen?"*

- *„Aber kennst Du nicht die kontroversen Diskussionen über die Totenruhe, die um diese Ausstellung entbrannt sind?"*

- *„Wer immer diese Ausstellung für sittenwidrig hält, soll sich das Recht nehmen, dagegen aufzubegehren. Er genießt damit die selbstverständliche rechtsstaatliche Freiheit, die es ihm ermöglicht, seine Meinung öffentlich sagen zu dürfen, ohne dadurch Schaden zu erleiden. Aber, bitte, entfache hier keinen Sturm im Wasserglas. Ist es Deiner Meinung nach nicht viel verpflichtender und lohnender, die wahren Probleme der Gesellschaft aufzuspüren? Seht Ihr nicht, wie viele ungelöste elementare Fragen Euch ungeschminkt zu Füßen liegen?"*

Miranda sah mich ernst und zugleich milde an, aber bald darauf war sie meinem inneren Bild entschwunden. Langsam erwachte ich aus meiner Nachdenklichkeit und machte mich auf den Heimweg – ohne eines der Puzzles zu kaufen, aus denen sich eines der Plastinate zusammensetzen ließ.

Mit Röntgenblick betrachtete ich die Haut der mir entgegenkommenden Menschen und die der Models auf den großflächigen Reklamewänden.

„Tara", murmelte ich, „alles nur Verpackung".

*

Wie hat damals die Ausstellung (und es gibt sie an wechselnden Orten wohl immer noch) eigentlich auf mich gewirkt?

Ist sie Episode geblieben?

Hat sie erkennbare Schäden in mir hinterlassen?

Ich fand es damals schon ein wenig makaber, dass Ausstellungsbesucher, einige Meter seitlich von den Plastinaten entfernt, offenbar ungerührt ihre Mittagsmenüs einnahmen – wobei es appetitlich roch.

Vielleicht werden wir, die Besucher dieser Ausstellung und ich, dieselbe nie mehr in unserem Leben nötig haben – genauso wenig, wie es Miranda wohl je wieder nötig hatte, in ausgehobene Gräber zu steigen oder auf Kaninchen zu schießen.

Nebenbei gesagt, ich werde nach meinem Tod definitiv kein Schauobjekt dieses Gruselkabinetts werden.

Also, wenn ich, wie es Miranda in meinem Tagtraum verlangt hat, die wahren Probleme zu meinen Füßen erkennen soll, muss ich dann nicht meine Blickrichtung neu ausrichten?

Muss ich dann nicht stille stehen und mir Zeit zum Nachdenken nehmen?

Muss ich dann nicht auch persönliche Opfer bringen?

Dürfte ich einen Wunsch äußern, so würde ich mir wünschen, nicht immer gleich Berge versetzen zu müssen.

Ich würde große Probleme lieber, maßvoll portioniert, zu kleinen Paketen verschnüren – die wären nämlich handlicher!

Nochmals: Hat diese Ausstellung Schäden in mir hinterlassen?

Nun, nach ungefähr einem Vierteljahrhundert hatte ich sie völlig vergessen.

(J.H. Gemeindeblatt Mariendorf-Süd, 06/2001; neu bearbeitet 04/2023)

Eintauchen in die Vergangenheit der Ahnen

Wie zieh' ich gerne los zu Fuß!
Mal eile ich, dann bleib' ich stehen,
Will vieles aus der Nähe sehen.
Gedächtnis wird zum Speicherplatz,
Wo Bilder türmen sich zum Schatz
Und bleiben oftmals ein Genuss.

Was meine Ahnen umgetrieben,
Weshalb sie Haus und Hof verlassen.
Ostwärts ziehend – meist auf Straßen,
Die für sie beschwerlich waren
Und Gefahren in sich bargen –
Hab' recherchiert und aufgeschrieben.

Mein Leben kommt von ihnen her,
Ich hab' geforscht in langen Jahren
Und wollte viel von einst erfahren.
Was *sie* erlebt, gehört zu *mir*
Und weitersagen kann ich's Dir;
Macht reicher uns wohl mehr und mehr.

Mit wachen Augen Neues sehen,
Wir können Bilder weitergeben,
Bereichernd unser eig'nes Leben.
Wir lernen fragen und auch staunen,
Bereit, Euch Wissen zuzuraunen
Und besser unsre Welt verstehen.

(J.H. 2011, b. 03/2023)

Fahrt nach Polen

Am 11.09.2022 fuhren wir (Silke, Michael und ich) bei Sonenschein zum ersten Male mit dem Auto via *Kostrzyn* (Küstrin) ins heutige Polen – in die ehemalige *Neumark*, die seit der Westverschiebung Polens ab Weltkriegsende 1945 nicht mehr Teil Deutschlands ist.

Wir machten uns auf den Weg nach *Fahlenwerder, Staffelde* und *Karzig*. Der Soldinische Kreis war bis 1945 ein Landkreis in der preußischen Provinz Brandenburg. Von 1736 bis 1758, also auch 1747, war *Johann Eitel von Brandt* Landrat des Kreises Soldin in der Neumark.

Gegen Ende des Zweiten Weltkrieges wurde das Kreisgebiet im Frühjahr 1945 von der Roten Armee besetzt.

Für 1747 werden sieben ursprüngliche und vier inkorporierte (einverleibte) Kreise genannt, die bis 1815 (Wiener Kongress) zur Neumark gehörten, darunter die Stadt Küstrin sowie der Soldinische und der Landsbergische Kreis als „Vorderkreise".

Unter Friedrich dem Großen (1740-86) setzte in der Neumark eine neue Kolonisationswelle ein. Zielgerichtet sei in der Neumark damals das Tuchmacherhandwerk angesiedelt worden.

Erheblicher Landgewinn und damit zugleich wirtschaftliche Konsolidierung seien durch das Trockenlegungsprogramm des Königs für das

Warthe- und Netzebruch ab 1770 zum Tragen gekommen.

Einen Rückschlag für das wirtschaftliche Leben habe allerdings bereits der Siebenjährige Krieg (1756-63) gebracht (Wikipedia).

*

Unsere erste Station war **Sciechów** (*Groß Fahlenwerder),* wo uns meine verwandtschaftliche Spurensuche hingeführt hatte.

Leider gibt es keine Kirchenbücher von 1747 mehr und die Zivilstandsregister im Staatsarchiv *Górzów Wielkopolski* (Landsberg an der Warthe) beginnen erst im Jahre 1874.

*

Wir wissen, dass in der frühen Neuzeit 70-80% der Bevölkerung auf dem Lande lebten und zwar zumeist „auf dem Dorf" als der gängigen ländlichen Siedlungsform.

Ich erinnere mich an meine ersten individuellen Versuche mit dem Zeichnen: Haus, Baum, Kirche und Hügel im Hintergrund. Auch heute noch erblicken wir aus der Ferne meist zuerst den Kirchturm eines Dorfes und finden beim Näherkommen die Dorfaue, dazu den Teich in der Dorfmitte und wir halten nach langer Fahrt gern am Gasthaus an.

Unsere Vorfahren hätten vermutlich noch das Rats- oder Amtshaus, den Brunnen, das Waschhaus und das Backhaus als erwähnenswerte Gebäude aufgezählt. Wie zu allen Zeiten war auch damals ihre Landwirtschaft stark naturabhängig, unterlag sie doch Klima- und Witterungsschwankungen. Große Dürre oder überbordender Regen hätten vermutlich als „Naturkatastrophen" gegolten. Sie hätten uns vermutlich erzählt, dass sie zur Bestellung ihres Getreidelandes mit dem Mähen, Dreschen und den sonstigen Arbeitsschritten im Vergleich zu heute mindestens das Zwanzigfache an Arbeitszeit aufwenden mussten und dass sie anfangs Probleme hatten bei der Urbarmachung von Wald- und Moorflächen und später bei der Düngung, der Bewässerung und der Unkrautbekämpfung.

Da die Weidefläche leider begrenzt war, hielt sich notwendigerweise auch die Viehhaltung in Grenzen und sie litten somit einen Mangel an Düngemitteln.

Wir können davon ausgehen, dass sie Gerste, Hafer, Weizen, Hirse und Roggen und auch Klee (als Viehfutter) anbauten und in ihren Gärten Kohl, Spinat, Salate, Möhren, Rüben, Bohnen, Erbsen und Linsen zur Eigenversorgung anbauten – und irgendwann im späteren 18. Jahrhundert dann auch Kartoffeln. Häufig dienten ihnen Rinder als Zugtiere. Nicht zu vergessen seien das Federvieh, Schweine, Ziegen und vielleicht auch Bienenstöcke.

Im Schuppen hätten sie uns Pflug, Haken, Egge und Walze gezeigt und dazu die Sichel, Sense, Mistgabeln, Rechen, Spaten, Schaufeln und Hacken.

Stolz hätten sie uns vielleicht ihren Beetpflug präsentiert, der die Scholle wenden konnte. Meist zogen Ochsen den Haken, Pferde den Pflug. Sie hätten uns erzählt, dass sie die Aussaat breitwürfig von Hand besorgten, ebenso wie die Sensenmahd (Getreideernte). Zufrieden konnten sie erst sein, wenn sie eine „ausreichende Nahrung" hatten.

Es ist fraglich, ob sie mit dem Begriff der „Subsistenzwirtschaft" etwas hätten anfangen können, aber auch wenn der Grad der Eigenversorgung hoch gewesen sein mag, mussten sie doch einiges zukaufen, wie z.B. Salz und Metallwaren.

Nur ihre erzeugten Überschüsse konnten sie verkaufen oder gegen andere Produkte tauschen.

Waren unsere Vorfahren dort in Fahlenwerder und Staffelde „Vollbauern"?

Wenn ja, dann nahmen die männlichen Hofbesitzer an der Gemeindeversammlung teil. Sie hatten sich mit den Anderen abzustimmen in Bezug auf die Feldarbeit, das gemeinsame Hüten des Viehs oder die Instandhaltung der Zäune.

Was alles zählte überhaupt zum Hof?

Antwort: das Bauernhaus, die Hauswiese und der Obstgarten und überdies die Flur an Äckern, Wiesen, Weiden und Wald.

Neben der Feldbestellung und der Viehhaltung als den eigentlichen bäuerlichen Aufgaben waren umfangreiche Arbeiten am Haus zu erledigen und dazu die Verarbeitung von Lebensmitteln (Milch, Fleisch, Feldfrüchte) sowie die Herstellung und Reparatur von Kleidung oder Werkzeug.

Da mussten Mann *und* Frau anpacken!

Wenn die Kühe morgens um sechs und abends um 18 Uhr gemolken werden müssen, so erahnen wir die Länge eines bäuerlichen Arbeitstages und überdies die Anbindung der Bauernfamilie an ihren Hof; und selbst wenn die Kirchenglocken alle drei Stunden geläutet haben mögen, so war der Arbeitstag mit dem abendlichen Geläut um 18 Uhr wohl längst noch nicht zu Ende.

Mit Sicherheit haben unsere Vorfahren vor rund 275 Jahren denselben Himmel gesehen, dieselbe Sonne, dieselben Gestirne und dieselbe hügelige Landschaft, aber wenn unsere Landkarte heute Eisenbahnlinien und moderne Autostraßen unterschiedlicher Ordnung verzeichnet, so gab es letztere damals vermutlich eher nur als kaum befestigte und oft durchweichte landwirtschaftliche Forst- und Betriebswege.
Demzufolge war unseren Vorfahren auch die heutige Wartehalle an der Bushaltestelle von *Schiechów* unbekannt; aber sicherlich hat es dort wohl damals wie heute gackernde Hühner und die baumumsäumte Fahrstraße geradeaus durch das langgestreckte Straßendorf gegeben. Wenn wir heute über weite Ackerflächen blicken, so mussten diese, wie bereits festgestellt, im 18. Jahrhundert erst dem Sumpfgebiet abgerungen werden und der heutige Mischwald wird mit dem damaligen Waldbestand bis auf einige wenige Bäume kaum identisch sein.

Trotzdem: Wer durch diese Landschaft fährt, hat es (wie schon früher) so auch jetzt mit der Grundfarbe *grün* zu tun.

Es gibt mehrere private Familienforscher, die sich mit *Fahlenwerder* befassen, aber der von mir verwendete Begriff *Spurensuche* führt eigentlich in die falsche Richtung, weil sich menschliche Spuren von damals nicht mehr finden lassen.
Oder doch?
Es gibt dort zwar keine direkten Nachfahren der Hembd'schen Bauern mehr, weil diese bereits nach einiger Zeit des Siedelns die dortige Gegend wohl auch schon im Verlauf des 7jährigen Krieges (1756-63) zum Teil fluchtartig, zumindest vorübergehend, verlassen hatten und weil nach dem Ende des Zweiten Weltkrieges die deutschen Einwohner sowieso ganz überwiegend von den Polen nach Westen vertrieben wurden; aber es ist augenfällig, dass doch einige friderizianische Häuser von einst zumindest in ihrer Grundform überlebt haben.

Vielleicht wäre folgendes Gedankenspiel reizvoll:

Angenommen, wir könnten uns ins Jahr 1747 zurückversetzen und träfen auf einen damaligen Namensvetter – über welche Themen (vielleicht Wetter, Wohnen, Vieh, Landwirtschaft, Ernteertrag, Tagewerk?) könnten wir mit ihm ins Gespräch kommen und würden wir ihn mit seinem pfälzischen Dialekt überhaupt auf Anhieb verstehen?

Leider will mir persönlich das Unmögliche kaum gelingen, nämlich meine Vorfahren „zum Reden" zu bringen.

Wir können lediglich durch die Erforschung ihrer damaligen Lebensumstände zu einer Art Analogiebildung kommen.

Dies ist irgendwie unbefriedigend, aber mehr geht wohl nicht.

*

Wir fuhren weiter nach **Staw** *(Staffelde).*

Auch dort mussten wir selbstverständlich das grüne Ortseingangsschild fotografieren, bevor wir zur Kirche weiterfuhren.

Auch nach Staffelde führen unmittelbare Spuren meiner Vorfahren, aber wie schon in Fahlenwerder mussten wir uns auch hier mit einem Rundumblick begnügen, weil mir aufgrund fehlender historischer Quellen die Nummern der von meinen Vorfahren einst bewohnten Gehöfte unbekannt sind.

Waren meine Vorfahren auch hier Vollbauern, also Besitzer eines Hofes oder einer Hofstelle innerhalb der Dorfgemeinde?

Ich nehme einmal an, dass sie keine Kleinbauern oder Tagelöhner waren und eine vom König garantierte relative Freiheit besaßen.

Sicherlich trafen sich in der Gemeindeversammlung damals auch hier ausschließlich die männlichen Hausvorstände um die Anbauordnung und die Flurnutzung festzulegen.

Sie mussten ein jeder ihren Beitrag leisten zum Unterhalt des Pfarrers, der Kirchengebäude und des Friedhofes.

In der einschlägigen Literatur erfahren wir, dass das durchschnittliche Heiratsalter der Frauen bei 25 Jahren, dasjenige der Männer bei 30 Jahren lag.
Überall waren die Eheleute die Säule der Hausgemeinschaft, wobei die Ehe selbst die einzige Möglichkeit gewesen sei, ein sozial gebilligtes Sexualleben zu führen.
Es muss für uns offenbleiben, inwieweit emotionale Aspekte wie Liebe und gegenseitige Zuneigung bei der Partnersuche eine Rolle spielten; denn in den geschlossenen Dorfgemeinschaften dürften die Zahl bzw. die realen Auswahlmöglichkeiten geeigneter Ehepartner begrenzt gewesen sein. Es werden wohl viele Verwandte untereinander geheiratet haben.
Worauf dürfte es dem Mann in erster Linie angekommen sein?
Nun, ob die Frau gesund und arbeitsfähig war.

*

In meiner eigenen Familie haben wir bei den Mahlzeiten früher im Prinzip gemeinsam am Tisch gesessen. Ein jeder von uns konnte und sollte sich selbst das Essen auftun.

In Staffelde hingegen dürften damals andere Rituale geherrscht haben: die Frau musste den Mann vermutlich bei den Mahlzeiten bedienen, die Kinder hatten am Tisch zu stehen. Der Hausvater bekam nur das Beste und die größte Portion beim Essen vorgelegt.

Unsere Vorfahren waren noch viel weiter von der Idee der Gleichberechtigung entfernt als wir heutzutage; denn der Mann wurde in der Familie stets höher bewertet als die Frau. Er allein hatte das körperliche Züchtigungsrecht der Kinder.

(Komisch: Ich spüre noch heute die Watschen meiner *Mutter und* die Prügel meines *Vaters* in den 1950er Jahren.)

Um von einem eher pikanten Thema zu sprechen: Schon kleine Kinder konnten auf dem Hof bei den Tieren Zeugung und Fortpflanzung beobachten. Demgemäß hatten sie auch Einblick in das menschliche Sexualleben. Sie dürften erfahren haben, dass Sex etwas ganz Natürliches sei und eher auf die Befriedigung des Mannes gerichtet war.

Echte Zuneigung war da wohl eher zweitrangig.

Die Aufgabe ihrer Eltern war es, die eigenen Erben heranzuziehen.

Später dürften sie erzählt haben, dass wegen der hohen Säuglings- und Kindersterblichkeit nur ein Teil ihrer Geschwister überlebt hatte.

Sie hatten damals vermutlich allgemein wenig Aufmerksamkeit und Zuneigung oder gar Liebkosungen seitens ihrer Eltern erfahren – dafür hatten sie aber das Strammstehen gelernt. Sie wussten schon frühzeitig, dass sie mit etwa 12 Jahren ihr Elternhaus zu verlassen haben würden um in den Gesindedienst zu gehen.

(GZSZ? Eher schlechte Zeiten, wie mir scheint.)

Viele Eltern kümmern sich heutzutage um die gezielte Bildung und Ausbildung ihrer Kinder und versuchen es schon frühzeitig, die Neigungen und Fähigkeiten ihrer Sprösslinge zu erkennen.
In Fahlenwerder, Staffelde und Karzig diesbezüglich wohl überwiegend Fehlanzeige!

*

Wir haben auch in Staffelde (Staw) viel fotografiert und sind von Dorfbewohnern beobachtet worden. Da wir des Polnischen nicht mächtig sind, konnten wir auch keine Gespräche führen. Ein betagter Rollstuhlfahrer wollte sich mit uns unterhalten – aber wie?
Vor der Kirche stehen Heiligenfiguren und vor allem eine Fotografie des polnischen Papstes Johannes Paul II. und dahinter fanden wir einen Gedenkstein mit der deutschen Aufschrift:

Ehemaliger evangelischer Friedhof zum Gedenken der hier ruhenden. Staffelde, 2021 r.

Die ganze Gegend ist vergleichsweise dünn besiedelt und die Dörfer liegen weit auseinander. Vermutlich hat sich das damalige Leben eher isoliert und mit spürbaren Abschnürungstendenzen abgespielt, da der Bewegungsradius der Menschen recht klein gewesen sein muss – mit all seinen Folgen…

Unsere letzte Station war **Karsko (Nowogródek Pomorski),** deutsch *Karzig*. *Wikipedia* verrät uns, dass Karzig ein Dorf sei in der Landgemeinde Neuenburg im Soldiner Kreis der polnischen Woiwodschaft Westpommern.

Im Jahre 2020 hatte das Dorf ungefähr 1.200 Einwohner

Die Ortskirche hat Wände aus Backsteingotik, wobei der geklinkerte Turm wohl später erneuert wurde. Innen haben wir vergeblich nach einer Orgel gesucht. Die Decke wird getragen von breitseitigen Holzbalken.

Im Jahr 1945 habe Karzig zum Landkreis Soldin im Regierungsbezirk Frankfurt der preußischen Provinz Brandenburg des Deutschen Reiches gehört.

Gegen Ende des Zweiten Weltkrieges sei die Region mit Karzig im Frühjahr 1945 von der Roten Armee erobert und besetzt und gemäß dem Potsdamer Abkommen unter die Verwaltung der Volksrepublik Polen gestellt worden. Danach habe im Kreisgebiet die Zuwanderung von Migranten begonnen, die anfänglich vorwiegend aus den von der Sowjetunion beanspruchten Gebieten östlich der *Curzon-Linie* gekommen seien.

Anschließend habe die polnische Verwaltung mit der „wilden" Vertreibung der einheimischen Bevölkerung Karzigs begonnen um sie durch Polen zu ersetzen.

Wenn in deutschen Geschichtsbüchern von „Vertreibung" die Rede ist, könnte in polnischen Lehrbüchern von „Umsiedlung" gesprochen werden. Diese beiden Begriffe haben in der Vergangenheit zu einem deutsch-polnischen Lehrbuchstreit geführt.

*

Natürlich stellen sich uns heutzutage viele Fragen:

Es müssen in *Odernheim am Glan* 1747 schreckliche soziale Not und politische Gängelung geherrscht haben – ein unsäglicher Zustand, der eine erhebliche Zahl Pfälzer Bauern dazu bewog, dem Ruf Friedrichs des Großen zu folgen und sich auf den Weg nach Osten in den Raum diesseits und jenseits der Oder (Müggelheim und Fahlenwerder) zu machen. Ob sie fern der Heimat in fremder Umgebung glücklich wurden, ob es ihnen materiell besser ging und ob sie ihr neues Zuhause schließlich als neue Heimat annehmen konnten?

Wie hart und beschwerlich mag es gewesen sein, das sumpfige Land zu entwässern und dem Wald durch Rodung Ackerflächen für den Kornanbau abzutrotzen?

Wie mag es um die ärztliche Versorgung und die Schulbildung gestanden haben?

Im obigen Text ist für die Zeit nach 1945 von „Zuwanderung von Migranten" aus Ostpolen die Rede. Das hört sich fast wie eine gemütliche Reise auf Schusters Rappen und vor allem auf freiwilliger Basis an.

Wie schwer mag es nach 1945 in Wirklichkeit den Ostpolen gefallen sein, auf ehemals deutschem Staatsgebiet heimisch zu werden? Es ist außerdem kaum anzunehmen, dass sie für ihren vormaligen Besitz jenseits der Curzon-Linie von den Sowjets entschädigt worden waren.

Wieder einmal leuchtet ein uns bekanntes Motiv auf: *Menschen als Opfer auf der Flucht.*

Ist es vorstellbar, dass die aus dem nunmehrigen Westpolen vertriebene deutsche Bevölkerung ihrerseits im Nachkriegsdeutschland, also in allen vier Zonen, mit offenen Armen empfangen wurde? Belassen wir es bei dieser rhetorischen Frage!

*

Wir haben in **Kostryn nad Odra** (Küstrin) im eher bescheidenen 4-Sterne-Hotel *Apartamentowiec Kuzniar* am Bahnhof Küstrin-Neustadt übernachtet. Küstrin wird als Kleinstadt mit knapp 18.000 Einwohnern beschrieben, wobei der östlich der Oder liegende Teil mit dem Stadtkern zur polnischen Woiwodschaft *Lebus* gehört. Hier mündet die Warthe in die Oder.

Aus der Altstadt („Pompeji an der Oder") mit der Festung wurde im Zweiten Weltkrieg ein Trümmerfeld.

Es gab Rekonstruktionsversuche einzelner Gebäude (Berliner Tor, 2011).

Kurz vor unserer Rückfahrt nach Berlin schlenderten wir noch durch den *Nationalpark Warthemündung.*

Auf dem Weg von unserm Hotel nach Küstrin-Neustadt mussten wir jeweils die Untertunnelung der Eisenbahnstrecke mit dem Turmbahnhof *Kostryn nad Odra* durchqueren. Hier kreuzen sich die Eisenbahnlinien Szczecin – Wroclaw und Lichtenberg – Kostryn nad Odra (NEB, stündlich).

Nicht nur das Tanken ist in Polen billiger als in Deutschland, sondern auch ein Restaurantbesuch. Da ich zuvor keine Zloty eingetauscht hatte, konnte ich nur in Euro bezahlen. Unser gemeinsames Abendessen zu dritt einschließlich eines zünftigen Glases Bier kostete nicht mehr als € 25,00.

Es hat den Anschein, als sei zumindest mit der jüngeren Bevölkerung Polens im Servicebereich eine Verständigung möglich – auf Englisch.

*

Silke wollte von mir wissen, weshalb ich (mit Ausnahme zweier Besuche in Stettin) noch nie so recht in Polen gewesen sei. Nun, abgesehen von den Sprachbarrieren gehöre ich wohl zu denen, die vorzugsweise „nach Westen" blicken. Mir geht es dabei wie meinen ehemaligen Austauschschülern, die ganz überwiegend in englischsprachige Länder und dabei vorzugsweise in die USA wollten.

Vielleicht lastete in der Vergangenheit der *Eiserne Vorhang* zu schwer auf meinen Füßen und vielleicht behagte mir die politische Werteordnung des vormaligen Ostblocks herzlich wenig. Hinzu kommt, dass wir als Deutsche irgendwie noch die historische Vergangenheit im schuldbeladenen Gepäck mit uns herumtragen.

Der Überfall Russlands auf die Ukraine (2022), die (wiederkehrende bzw. historische) Zerstörungswut der russischen Truppen und deren widerliche Massaker an der ukrainischen Bevölkerung lassen mich erneut mit tiefer Skepsis über Polen hinweg ostwärts blicken.

Vielleicht spielen da auch die unterschiedlichen „standards of living" eine zumindest unterschwellige und ablehnende Rolle.

Aber was soll's?

Ich war doch da und befand mich in liebenswerter Gesellschaft!

(J.H. 04/2023)

Eine Fahrt zur Lutherstadt Wittenberg

Mit dem Regionalzug können wir von Berlin aus bequem über den Umsteigebahnhof *Meinsdorf* in die *Lutherstadt Wittenberg* fahren.

Am Bahnhof *LW-Elbtor* angekommen, gehen wir über den beschrankten Bahnübergang, überqueren die Hallesche Straße, wandern halblinks durch die Parkanlagen und erreichen nach wenigen Gehminuten die Schlosskirche.

An deren Pforte nahm die Reformation am 31. Oktober 1517 ihren Anfang.

Die heutige schwarze Bronzetür mit den darauf sichtbaren lateinischen Thesen Martin Luthers (1483 – 1546) wurde allerdings erst 1848 eingehängt.

Links und rechts vom Altar stehen die Statuen Martin Luthers und *Philipp Melanchthons* und beider Grabplatten sind in den Boden des Altarraumes eingelassen.

Von gegenüber der Kanzel blickt uns *Johannes Bugenhagen* streng-versteinert entgegen und an der Südwand entdecken wir ein Bildnis *Johann Hinrich Wicherns*, der hier im Jahre 1848 auf dem Wittenberger Kirchentag eine flammende Rede zur Begründung der *inneren Mission* gehalten hat.

Wer von hier zum *Lutherhaus* gelangen will, nimmt seinen Weg am besten durch die Schloss- und Collegienstraße. Wir befinden uns hier auf historischem Grund und erfahren in dieser „Kulturmeile" Wittenbergs durch eingelassene Erinnerungstafeln, wer hier alles von Rang und

Namen gelebt und gewirkt hat. Da wird *Elisabeth von Meseritz* (gest. 1535) als erste evangelische Liederdichterin genannt. Sie heiratete 1524 *Caspar Cruziger* (Kreuziger), einen Kollegen Luthers an der Universität Leipzig. Von ihr finden wir im neuen ev. Gesangbuch unter Nr. 67 *Herr Christ, der einig Gottes Sohn.* Namen wie *Lucas Cranach d.Ä.*, *Thomas Müntzer* oder *Werner von Siemens* tauchen auf unserem Weg auf. Wir gehen vorbei am Melanchthonhaus, sehen das Melanchthon – Denkmal am Markt, aber auch das von Martin Luther vor dem Rathaus. Markt, Rathaus und Stadtkirche liegen an unserem Weg und nach etwa 1.000 Metern haben wir das Lutherhaus im Osten der Altstadt erreicht.

Martin Luther starb in *Eisleben* und genau 450 Jahre später, also 1996, gab es im Lutherhaus in einer Ausstellung „Luther und der Schwan" einiges über den Reformator zu erfahren.
Elf Themenkreise bestimmten den Aufbau der Ausstellung, Themenkreise, die Ursache, Anlass, Verlauf und Wirkung der Reformation darstellten: also z.B. „Eine Gesellschaft im Umbruch", „Wider Papst und Kaiser", „Vom Wort zur Tat" oder „Bleibende Spuren".
Es gab daneben auch etwas Privat-Persönliches über „Luthers Familienleben" zu erfahren.
Die Ausstellung war sehr übersichtlich aufgebaut, mit informativen Begleittexten versehen und mit kostbaren Exponaten bestückt. Sie spiegelte die kraftvolle Gestalt Martin Luthers und seine

erstaunliche Lebensleistung wider, was sich an einem konkreten Beispiel verdeutlichen ließe:

In einer Sonderschau „Die Bibel wird Volksbuch" wurde nämlich dargestellt, dass Luthers Bibelübersetzung auf erhebliche kirchliche Widerstände stieß; denn Luther hatte sich nicht damit begnügt, die Kirchenväter zu studieren, wie ihm von Anfang an von seinen Kirchenoberen geraten worden war – nein, er wagte sich (ganz im Sinne der moderneren Geschichtswissenschaft) zurück an die Quellen selbst. Relativ schnell war das Neue Testament übersetzt; aber mühsam und zeitraubend war die Übertragung des Alten Testamentes, weil sich Martin Luther hier in fremde Denk- und Sprechweisen hineinfinden und diese erst für uns verstehbar machen musste.

Es gibt keinen Zweifel: Martin Luther hat uns nicht nur die biblischen Quellen erschlossen, sondern sich dabei sprachschöpferisch betätigt und unsere Sprache mitgeprägt.

Wir erfahren etwas über *Johannes Cochläus* (1479 – 1552). In einer modernen Steuererklärung hätte er sich wohl als „Humanist und Theologe" bezeichnet. Als einer der erbittertsten Gegner Martin Luthers und der Reformation überhaupt wetterte er gegen die Übersetzung des Neuen Testamentes, sei doch

Luthers Neues Testament durch die Buchdruckerei dermaßen gemehrt und in so großer Anzahl ausgesprengt, also daß auch Schneider und Schuster, ja auch Weiber und andere einfältige Idioten...dies selbe gleich als einen Brunnen aller

Wahrheit mit höchster Begierde lasen. Etliche trugen dasselbe mit sich im Busen herum und lernten es auswendig.

Dieses Zitat wäre sicherlich der gedanklichen Vertiefung in einem Gesprächskreis würdig, geht es doch hier um die Herabsetzung des Handwerks und (sexistisch) um „...*Weiber und andere einfältige Idioten*":

Am 20.01.2022 strahlte RTL um 20.15 Uhr einen Film aus mit dem Titel *Gott, du kannst ein Arsch sein.*

Welches dieser beiden hier vorgestellten Ungeheuer des geschriebenen Wortes verdient wohl am Ende auf Platz 1 die Auszeichnung mit der grü*nen Zitrone?*

(J.H. Gemeindebrief Mariendorf Süd, 11/1996; b. 04/2023)

264

Lebensziel(e) oder Ziele im Leben?

A) Lebensziele

Beginnen wir mit der Rahmenhandlung:
In der Evangelischen Jugend von Alt-Schöneberg war es, in den 1950er und 60er Jahren, da sangen wir damals tief bewegt: *Nehmt Abschied, Brüder...*
Es war der deutsche Text von *Auld lang syne,* einem Freundschaftslied, von *Robert Burns* (1758-96) getextet, auf einer schottischen Volksweise basierend.
Wir standen damals im Kreis rund ums Lagerfeuer, verschränkten unsere Arme kreuzweise und fassten uns beidseitig an den Händen.
Unter Klampfenbegleitung sangen wir unsern Abschieds- und Sehnsuchtsschmerz inmitten des Jagens 61 im nächtlichen Grunewald, obwohl wir uns beim „Abschied" lediglich zum Schlaf in unsere Zelte verkrochen, die nahe beieinanderstanden.

Die letzte Strophe unseres Abschiedsliedes lautete:

> Nehmt Abschied Brüder, schließt den Kreis,
> das Leben ist ein Spiel,
> Und wer es recht zu spielen weiß,
> gelangt ans große *Ziel*.

Gewiss, es waren bewegende Reimwörter – aber hatten sie auch eine tiefere Bedeutung? Vor allem:

ließ sich das *Ziel* deuten oder in begreifliche Worte fassen?

Was würde mit jenen geschehen, die ihr Leben nicht so recht zu spielen wüssten?

Würde deren Leben verpfuscht sein und im Irrgarten landen?

In unserer Ausbildung zum „Großen Lektor" (2006/7) wurden wir mit der Frage herausgefordert: „Verstehst Du, was Du liest?"

Gern würde ich heutzutage diese Frage erweitern: „Verstehst Du, was Du sagst und redest, predigst und betest – und singst?"

Ach ja, und an welches *große* **Ziel** gilt es zu gelangen?

*

Unter dem Begriff **Ziel** habe ich zuerst in der Biblischen Wortkonkordanz nachgeschlagen, aus der ich drei der wenigen Einträge ausgewählt und anschließend in jeweils unterschiedlichen Bibelübersetzungen wiedergegeben habe:

Psalm 39,5:

Herr, lehre mich doch, daß es ein Ende mit mir haben muß und mein Leben ein **Ziel** *hat und ich davon muß.*
(Luther-Bibel)

Tue mir kund, Herr, mein Ende und welches das Maß meiner Tage ist, damit ich erkenne, wie vergänglich ich bin!
(Elberfelder Bibel)

Herr, zeige mir, wie kurz mein Leben ist und daß mein Ende unausweichlich kommt; mach mir bewußt, wie wenig mir bleibt!
(Die Bibel in heutigem Deutsch)

Lass mich meine Zeit wissen, Ewiger! Die Spanne meiner Tage, wie groß ist sie? Damit ich erkenne, wie vergänglich ich bin.
(Bibel in gerechter Sprache)

In den vier ausgewählten Übersetzungen des Psalmworts (39,5) bittet der Psalmist um etwas:
Herr, lehre mich…/Tue mir kund, Herr…/Herr, zeige mir…/Lass mich (…) wissen…

Der Herr soll ihn lehren, ihm kundtun, ihm zeigen bzw. ihn wissen lassen, was er ohnehin längst wisse, nämlich,

dass es ein Ende mit ihm haben müsse, dass er vergänglich sei, dass sein Leben kurz sei und sein Ende unausweichlich komme, da er ja – um es zu wiederholen – vergänglich sei.

Mir erschließt sich der Sinn eines Gebetes nicht, in dem lediglich Sachverhalte vorgebracht werden, die bereits als gegeben gelten.

Lediglich in der Luther-Bibel taucht das Wort *Ziel* auf, aber eher als bloße Worthülse, wird es doch in seinem Gehalt keineswegs konkretisiert und in seiner Bedeutung überhaupt nicht erfasst.
„Worin," so könnten wir fragen, „könnte denn das Ziel unseres Lebens bestehen? Geht es nicht etwas genauer?"

Antwort: Fehlanzeige!

Sprüche (Salomos), 16,4:

Der Herr macht alles zu seinem Zweck, auch den Gottlosen für den bösen Tag.
(Luther-Bibel)

Alles hat der Herr zu seinem Zweck gemacht, so auch den Gottlosen für den Tag des Unglücks.
(Elberfelder Bibel)

*Gott hat alles auf ein **Ziel** hin geschaffen, so auch die Bösen für den Tag ihrer Bestrafung.*
(Bibel in heutigem Deutsch)

Alles hat die Ewige mit Sinn und Zweck erschaffen – selbst die Ungerechten für den Tag des Unheils.
(Bibel in gerechter Sprache)

*(…) der Herr macht alles zu bestimmtem **Ziel**.*
(Wortkonkordanz)

Im Zusammenhang mit den obigen Übersetzungen mag ich über die hehren göttlichen Absichten in Bezug auf die ebenfalls göttlichen Geschöpfe jetzt nicht weiter nachdenken, aber diese Absichten werden zweimal mit *Zweck,* einmal mit *Sinn und Zweck* und zweimal mit **Ziel** übersetzt, wobei die Wortkonkordanz eine mir unbekannte Luther-Übersetzung zitiert.

Hier geht es nicht um ein etwaiges Ziel, auf das wir als Menschen absichtsvoll hinsteuern (sollen oder wollen).
Es geht um ein absichtsvolles göttliches Handeln, sozusagen um eine göttliche Vorgabe, um Sinn und Zweck göttlichen Tuns.
Nichts geschieht demgemäß ohne gottgewollten Sinn und Zweck, ohne göttlichen Verstand und göttliche Absicht.

Und wo bleiben wir – wir als Menschen?
Welchen Stellenwert nehmen wir ein?
Welche Verantwortung tragen wir letztlich für unser Tun, wenn wir doch offenbar so geschaffen worden und fremdgesteuert sind, wie wir nun einmal sind oder nach göttlichem Willen sein sollen?

Philipper 3,14

*(Ich…) jage nach dem vorgesteckten **Ziel**, nach dem Kleinod der himmlischen Berufung Gottes in Jesus Christus.*
(Luther-Bibel)
*(Ich…) jage auf das **Ziel** zu, hin zu dem Kampfpreis der Berufung Gottes nach oben in Christus Jesus.*
(Elberfelder Bibel)
*(Ich…) halte geradewegs auf das **Ziel** zu, um den Siegespreis zu gewinnen. Dieser Preis ist das neue Leben, zu dem Gott mich durch Jesus Christus berufen hat.*
(Bibel in heutigem Deutsch)
*(…) ich laufe auf das **Ziel** zu, um den Siegespreis zu erlangen. Das ist die Berufung zum ewigen Heil, die Gott uns schenkt, wenn wir uns auf Jesus Christus vertrauensvoll einlassen.*
(Bibel in gerechter Sprache)
*Ich laufe auf das **Ziel** zu, weil ich den Preis will, der auf den Sieger wartet. Und das ist der Preis: daß Gott mich zu sich holt, weil ich zu Christus gehöre.*
(Jörg Zink)
(Ich…) jage, das Ziel im Auge, nach dem Kampfpreis der Berufung nach oben durch Gott in Jesus Christus.
(Zürcher Bibel)
(…) ich jage dem Ziele nach, dem Siegespreis der Berufung von oben her, von Gott in Christus Jesus.
(Fritz Tillmann)
I press towards the goal to win the prize which is God's call to the life above, in Christ Jesus.
(New English Bible)

Bei einem vorsichtigen Vergleich dieser Übersetzungen ergibt sich als Ziel, als Lebensziel, des Christenmenschen:

Die himmlische Berufung Gottes; das neue Leben; die Berufung zum ewigen Heil; dass Gott mich zu sich holt; die Berufung nach oben durch Gott; God's call to the life above.

Stets folgt die *conditio sine qua non* (die unabdingbare Voraussetzung), dass wir uns nämlich auf Jesus Christus vertrauensvoll einlassen (Bibel in gerechter Sprache), weil ich zu Christus gehöre (Jörg Zink).

Darf ich dies als bescheidener Laie folgendermaßen verstehen?

Allein unser Glaube an Jesus Christus ist das Ticket zur Himmelspforte (wobei ein wenig Empathie gegenüber den Anderen hier auf Erden vermutlich nichts schaden dürfte).

Entweder Du glaubst oder Du bist verloren!

Wie aber kann sich diese Alternative überhaupt stellen, wenn doch sowieso alles gottgewollt bzw. gesteuert ist?

Ganz leise frage ich mich, von welcher Relevanz denn überhaupt mein Glaube (oder Unglaube) sein dürfte, wenn mir eingeschärft wird, dass meine

Bedeutung als Individuum ungefähr so groß veranschlagt wird wie die eines Staubkorns.

Von welcher Intensität müsste denn mein Glaube sein um zu genügen?

Wie würde gemessen werden, ob er allzeit stark genug war und dies immer noch ist?

Wie würden Perioden berechnet werden, in denen mein Glaube schwächelte?

Was soll ich im Kern, also substantiell; überhaupt glauben?

Ist die Bibel der alleinige Schlüssel zum Glauben und muss ich sie demzufolge in Gänze und in allen Einzelheiten verstehen?

Wie werden meine irdischen Verdienste an meinen Mitmenschen „verrechnet"?

Niemand möge sagen, meine Fragestellungen gingen ihn nichts an.

Nein, sie betreffen uns alle, sofern wir nach der Ewigkeit schielen!

Immerhin erfahren wir, dass in der Vorstellung des Apostels Paulus der (unsichtbare) Himmel *oben* zu verorten ist.

*

Vom Lied (*Nehmt Abschied, Brüder...*) und vom unerklärbaren *großen Ziel* war eingangs die Rede.

Ein zweites Lied haben wir damals in Alt-Schöneberg gesungen, nämlich:

Wildgänse rauschen durch die Nacht…

Der Liedtext stammt von *Walter Flex,* aus seinem Buch *Der Wanderer zwischen beiden Welten (1916);* die Marschmelodie schrieb *Robert Götz (1892-1978).*

In der 2. Strophe sangen wir:

Fahlhelle zuckt und Schlachtruf gellt,
weit wallt und wogt der Hader.

In der 4. Strophe heißt es:

Wir sind wie ihr ein graues Heer
Und fahr'n in Kaisers Namen…

Wir sangen damals diesen Text ohne kritisch nachzudenken. Weder im Duden noch im Großen Brockhaus findet sich ein Eintrag zu *Fahlhelle.* Wir kennen Wortzusammensetzungen wie *aschfahl* und meine Vorfahren siedelten sich 1747 östlich der Oder in der Neumark an und gründeten den Ort *Fahlenwerder.*
Bedeutet *Fahlhelle* möglicherweise „graue oder blasse Helligkeit"?
Was dieser Ausdruck auch immer heißen mag, wir sangen ihn damals einfach – einfach so; sonst wäre ja ein rhythmisch-sprachliches Loch (ein Hiatus) entstanden.
Wir waren Kinder West-Berlins (mit Bindestrich!), auf der freiheitlich-demokratischen Grundordnung

stehend, und einen Kaiser hatten wir hierzulande noch nie gesehen.

War das nicht egal, dass zuvor die Wandervögel und die Bündische Jugend, die katholische Jugend und die Hitlerjugend, die Wehrmacht und die Waffen-SS diesen Liedtext entgegen seiner ursprünglichen Intention adaptiert hatten?

Bis in die 70er Jahre war dieses Lied populär, selbst im Schulunterricht, gesungen in den studentischen Verbindungen und war festgebrannt auf der Schallplatte von *Heino*.

(nachzulesen bei Wikipedia)

Lieder können gewaltige Emotionen in uns auslösen. Manchmal jedoch, wenn wir diese Wunderwerke kritisch betrachten, kann es geschehen, dass wir sie ungewollt entzaubern.

Am Ende sind wir unserm *Ziel* begrifflich leider immer noch nicht nähergekommen.

B) Ziele im Leben

Die selbstgesteckten oder vorgegebenen *Ziele* in unserm Leben verstehen sich von selbst als immanent, also als diesseitig.

Irgendwann werden wir herauszufinden haben, ob sie *operabel* sind, ob man also mit ihnen arbeiten kann, d.h., ob sie für uns überhaupt erreichbar und durchführbar sind - oder eben nicht.

Neue *Ziele* können im Laufe unseres Lebens hinzutreten, alte lassen sich streichen, andere wiederum durchhalten.

Würden wir unsere *Ziele* im Leben in einem Schaubild vereinigen, so könnten wir einen Kreis wählen und für jedes dieser Ziele darin einen Sektor unterschiedlicher Größe reservieren.

Wir könnten diesen Kreis grob in einen privaten und in einen öffentlichen Bereich unterteilen, wobei sich diese Bereiche durchaus überschneiden mögen.

*

Fangen wir mit dem privaten Bereich an, der unseren täglichen Bedarf und unsere Bedürfnisse enthält:

Wir erwachen aus dem Schlaf und setzen uns zum *Ziel*, möglichst früh oder eher später aufzustehen und mit der Körperpflege zu beginnen.

Wir bereiten (die Rede sei hier von einem Single-Haushalt) mehrmals am Tag unsere Mahlzeiten vor und achten (hoffentlich) darauf, lediglich mäßig zu essen und stets genügend zu trinken.

Sofern wir keine Lieferdienste in Anspruch nehmen, müssen wir uns je nach Bedarf zum Einkaufen rüsten.

Überdies müssen wir unser Zuhause sauber halten.

Wir müssen uns, solange wir dazu in der Lage sind, die Erfüllung dieses täglichen Pflichtenkatalogs zum

Ziel setzen, ganz einfach um unsere Lebensqualität zu erhalten.

Dieser Pflichtenkatalog könnte sich, je nach unserm jeweiligen Personenstand, in unserm Leben freilich bereits unwiederbringlich geändert haben.

Neben dieser leiblichen Grundversorgung gehen wir weiterhin unseren eher geistigen Bedürfnissen nach, wie zum Beispiel Lesen, Schreiben, Wandern, Musizieren, Telefonieren oder E-Mails schreiben, wobei wir mit den beiden letztgenannten Tätigkeiten unsere Fühler bereits in die Außenwelt, den öffentlichen Bereich, ausstrecken.

*

Viele von uns sind eingebettet in ihre Familien und pflegen sorgfältig ihre Freundschaften und Bekanntschaften.
Dies kann allerdings nur funktionieren, wenn wir es uns zum *Ziel* setzen, diese Kontakte nach Möglichkeit regelmäßig durch wechselseitige Besuche zu pflegen. Wir tauschen dabei die Rollen als Gastgeber oder als Gast.
Wollen wir diese *Ziele* der Kontaktpflege erreichen, dann kostet es uns Energie – keine Frage. Die Erfahrung lehrt uns, dass wir uns darum bemühen müssen, eine *Erlebnisgemeinschaft* herzustellen, die allein, gewinnbringend, innere menschliche Nähe zulässt. Natürlich lassen sich, geografisch gesehen, auch große Entfernungen überbrücken,

sofern wir Mittel und Wege finden, diese immer wieder zu bewältigen.

*

Was geschieht, wenn in unserm kreisförmigen Schaubild ein bestimmter Sektor schwächelt oder wegfällt? Dann lassen sich die übriggebliebenen Sektoren vergrößern und/oder deren Wahrnehmung möglicherweise intensivieren.

Überdies sollten wir uns gegenseitig zugestehen, dass wir unsern „Lebenskreis" je nach individuellem Geschmack in Teilen auch anders ausfüllen können – ein Einheitsbrei ist nicht angesagt!

Es dürfte sich für unsere Lebensfreude und Zufriedenheit jedoch allgemein auszahlen, wenn wir uns breitgefächert aufstellen.

Wenn es uns auch nicht gelingen mag, „das große *Ziel*" unseres Lebens definitorisch zu erfassen, so sind wir in Bezug auf unsere alltäglichen und überschaubaren Lebensziele schon auf der sicheren Seite.

Ob wir am Ende alle oder wenigstens einige von ihnen erreicht haben werden?

Antwort darauf gäbe allein unser selbstkritischer Lebenslauf.

(J.H. 04/2023)

Nachdenken über das Sterben

Gelegentlich schalte ich freitags um 22.00 Uhr die Sendung *Riverboat* auf *MDR* ein – so geschehen auch am Freitag, 27. Januar 2023. Diesmal hatten *Kim Fisher* und *Matze Knop* die Gesprächsleitung. Einer der Gäste, der Schauspieler *Sky du Mont*, berichtete über seine Vorliebe für Friedhofsbesuche und reflektierte über das Sterben und den Tod, Themen, die mich seit langem beschäftigen und denen ich mich im Folgenden zu nähern versuche.

*

Aus einem inneren Drang ziehe ich nahezu täglich über den *Heidefriedhof* hier in Berlin-Mariendorf. Anfang der 50er Jahre wurde er angelegt und zu einer Parklandschaft gestaltet. Versprengt zwischen Wiesen, Bäumen und Sträuchern finden sich die einzelnen Abteilungen mit ihren Grabstellen. Man kann sich ja bekanntlich u.a. anonym beisetzen lassen oder in einer Urne oder in einem Sarg an einer persönlich ausgewählten Stelle.
Die Grabsteine können unterschiedlicher Form sein. Auf dem Grab meiner Frau befindet sich ein liegender Grabstein in Buchform. Auf der linken „Buchseite" stehen ihr Vor- und Zuname sowie das Geburts- und Sterbedatum. Die rechte Seite ist noch leer, aber mir vorbehalten.
Am 06. August 2019 verstarb sie in *Mahlow*, in meinem rechten Arm. Lautlos ist sie in den Tod hinübergeglitten. 56 Jahre zuvor waren wir uns im

Gewimmel des Kirchentages in Dortmund begegnet und unsere Goldene Hochzeit konnten wir 2018 noch in einem kleinen Kreis still begehen.

*

Das Sterben ist manchmal ein schleichender Prozess, der sich quälend über Jahrzehnte hinziehen oder aber auch sehr plötzlich und unerwartet eintreten kann. Ingrid hatte sich lange Jahre quälen müssen und ich hatte trotz meiner Skepsis auf ein Wunder der Genesung gehofft: vielleicht würde sie doch noch auf die Beine kommen und zu ihrer alten Lebendigkeit zurückfinden. Oft stehe ich nun vor unserem gemeinsamen Foto, das im Großformat an der Wohnungswand hängt, und uns, vertraut beieinander sitzend, in Farbe zeigt und mich wehmütig werden lässt.

Dass wir hier auf Erden „keine bleibende Statt" haben, wissen wir seit unserer Jugend. Es wäre schon ein gruseliger Gedanke, hätte seit Adam und Eva niemand auf Erden sterben müssen; aber wenn wir einen geliebten und vertrauten Menschen nicht festhalten können, wird es stets sehr weh tun.
Das Sterben an sich kann unter verschiedenen Gesichtspunkten betrachtet werden. Biologen und Mediziner liefern uns ihre wissenschaftlichen Erklärungen dafür, aber mich interessieren im Folgenden ausgewählte biblische Aussagen – also die theologischen Ansichten zum Thema. Dabei

setzt uns die biblische Wortkonkordanz auf die Spur.

*

Der Psalm 49 trägt in meiner Bibelausgabe „in heutigem Deutsch" die Überschrift: *Leben ist nicht kaufbar.*
Wir erfahren, dass niemand endlos weiterleben könne und dass am Sterben kein Weg vorbeiführe (10); dass durch Größe und Reichtum keiner am Leben bleibe und der Mensch zugrunde gehe wie das Vieh (13); dass, wenn der Mensch sterbe, er nichts von seiner Habe mitnehmen könne (18); dass er dorthin müsse, wo seine Väter seien.

Gern, so würde ich hinzufügen, würde ich nur dorthin reisen wollen, wo auch meine Mutter sei – aber dies nur nebenbei.
Eine kleine Frage hätte ich noch:
Müssen wir nun wirklich zugrunde gehen wie das Vieh oder erhalten wir doch noch eine sanftere Chance hinein ins Reich unserer Väter, sprich Vorfahren, zu gelangen?
Entweder elend zugrunde gehen oder weiterleben?
Verwest lediglich unser (physischer) Leichnam oder lebt etwas von uns, sagen wir *spirituell*, weiter?

*

Im 118. Psalm besingt der Psalmist seinen Gott. Dieser sei ein lebendiger Gott (1), der ihm beistehe

280

(6), der eingreife (7), ihm zum *Sieg über die Feinde* verhelfe (10), ihn errettet habe (14).

(Woher mag er dies wissen? Und waren nicht selbst seine ärgsten Feinde Geschöpfe Gottes?)

Der Psalmist müsse nicht sterben, er dürfe weiterleben (17); vor dem Tode habe er (Gott) ihn bewahrt (18).

(Sollte es in Vers 17 nicht besser lauten, dass er *noch* nicht sterben müsse, dass er zwar einstweilen überlebt habe, jedoch grundsätzlich sterblich sei?)

Halten wir fest: er betrachtet den Tod als einen Feind; das Leben sei wohl allemal besser - oder?

*

Im Buch Kohelet (oder Prediger) lesen wir im 3. Kapitel, dass alles, was auf Erden geschehe, seine von Gott bestimmte Zeit habe (1); wozu auch sämtliche Grundphänomene menschlichen Daseins gehörten, also auch das Geboren-Werden und das Sterben. Was Gott tue, geschehe nach einem ewigen Gesetz (14) und er lasse alles wiederkehren wie in einem Kreislauf (15). Sowohl die Menschen als auch die Tiere verdankten Gott ihr Leben und beide müssten sterben (19).

Beim Lesen dieser Ausführungen hat sich mir die Frage gestellt, wie es mit der menschlichen Willensfreiheit und demzufolge mit unser aller

Eigenverantwortung m täglichen Leben bestellt sei.
Sind wir dann tatsächlich lediglich „Marionetten in Gottes Hand"?
Wenn wir fremdgesteuert wären, könnten wir eigentlich für nichts haftbar gemacht werden.

Auch hier wird Gott als gegebene Größe, als existent, vorausgesetzt, wobei es Menschen gibt, die vorgeben, ihm außerdem noch in die Karten gucken zu können, aus denen sie seinen Willen läsen.
Dies erinnert mich an die Predigt einer verstorbenen Superintendentin in einem Berliner Kirchenkreis, die von der Kanzel herab verkündete, dass niemand wisse, ob es Gott gäbe; dass wir jedoch sein Wort hätten. (Ein logischer Zirkelschluss – oder?)

In Vers 20 wird apodiktisch (also einfach so und keinen Widerspruch duldend) behauptet, dass alles aus Staub und Erde entstanden sei und dass alles zu Staub und Erde zurückkehre.
Wer wisse überdies, ob der Lebensgeist des Menschen wirklich in die Höhe steige und der Lebensgeist der Tiere in die Erde versinke (21)?

„Na, ja," sagt sich der brave Leser, „stehen hier nicht Glaube und Zweifel (bzw. Wissen) eng nebeneinander?"

*

Der Prophet *Jesaja* redet dem Gottesvolk auf sein Klagen hin ins Gewissen (51,12):

Wie kämen sie dazu, sich vor Menschen zu fürchten, die doch sterben müssten und vergänglich seien wie Gras? Sie sollten nicht vergessen, wer sie geschaffen habe. Es sei derselbe, der Himmel und Erde gemacht habe.
(Also kein „Urknall"?)

An anderer Stelle habe ich berichtet, wie vor Jahrzehnten mein ehemaliger Nachbar seine Frau erstechen wollte. Hätte ich dem Opfer sagen sollen, sie möge keine Angst haben vor ihrem Mann, da der ja in seiner Vergänglichkeit sowieso sterben müsse und dass sie bedenken möge, dass es der liebe Gott gewesen sei, der alles geschaffen habe?
Man stelle sich vor, ich hätte in dieser brenzligen Situation meinen Nachbarsleuten aus dem Buch des Jesaja vorgelesen. Ob mich die Richter bei einer womöglich gegen mich erhobenen Klage wegen unterlassener Hilfeleistung einerseits für haftbar gemacht und andererseits freigesprochen hätten?

*

Im Römerbrief des Paulus (14,8) lesen wir:

Wenn wir leben, leben wir für den Herrn, und wenn wir sterben, sterben wir für den Herrn. Wir gehören dem Herrn im Leben und im Tod."

Im Brief an die Philipper (1,21) führt er aus:

Denn Leben, das ist für mich Christus; darum ist Sterben für mich ein Gewinn."

Im Hebräerbrief (9,27) schreibt er:

So wie jeder Mensch ein einziges Mal stirbt und damit vor das Gericht Gottes kommt, so hat sich auch Christus einmal geopfert um die Sünden aller Menschen zu beseitigen.

Ein gläubiger Christ, der von unerschütterlichem Glauben beseelt ist (lat. credere/credo), kann gemäß Paulus dem Sterben getrost entgegensehen – weil er vermutlich davon überzeugt ist, dass er bald sehe, was er jetzt glaube.
Schwieriger wird es schon für denjenigen, der der christlichen Glaubenslehre nicht viel mehr als einen Wahrscheinlichkeits- oder Möglichkeitskern zumisst (lat. putare) und noch schwieriger für denjenigen, der seinem bisherigen Werdegang gemäß lediglich eine gewisse religiöse Rückbindung (lat. relingare) in sich verspürt, die letztlich jedoch im Bereich des Unverbindlichen verharrt.

*

Wer im täglichen Leben gegen Gesetze verstößt, landet – sofern er erwischt wird oder sich nicht selbst anzeigt – vor Gericht. Dort wird er je nach Beweislage aufgrund zur Tatzeit bestehender Gesetze verurteilt oder freigesprochen.
Er wird nur einmal verurteilt, nicht doppelt oder mehrfach.

Im Prinzip können wir nicht für die Verfehlungen anderer Menschen unsern Kopf hinhalten. Sippenhaft wiederum ist im Rechtsstaat untersagt und überdies verwerflich, obwohl sie in Diktaturen und im Moralverständnis vieler Menschen bestehen mag.

Seit jeher bin ich demgemäß aus juristischen Gründen einerseits zögerlich bei der Akzeptanz des Sühneopfers Christi, wie es Paulus im obigen Brief an die Hebräer hervorhebt. Andererseits muss ich zugeben, dass die Vergebung individueller Sünden nach entsprechendem Schuldeingeständnis und tätiger Reue ein verlockend befreiendes Moment enthält, da sie uns einen Neustart ohne nagende Gewissensbisse ermöglicht.

Weshalb ich jedoch im Himmel im Nachhinein dann doch noch für irdische Taten bestraft werden solle, für die ich einerseits auf Erden bereits meine Strafe abgesessen habe und für die ich mich andererseits auf das Sühneopfer Christi berufen könnte, leuchtet mir nicht so recht ein.

*

In der Offenbarung des Johannes (14,13) lesen wir:

Dann hörte ich eine Stimme vom Himmel, die sagte: „Schreib auf: Freuen dürfen sich alle, die von jetzt ab im Dienste des Herrn sterben!" „So ist es," antwortete der Geist, „sie werden sich von ihrer Mühe ausruhen und sich freuen, denn ihre Taten gehen mit ihnen und sprechen für sich."

Merkwürdig: Mit mir hat bisher keine Stimme vom Himmel gesprochen. Auch weiß ich nicht wirklich, was es bedeutet, im Dienst des Herrn zu stehen. Auch er hat sich mir noch nie gezeigt, geschweige denn je mit mir gesprochen. – weder tagsüber noch im Traum.

Im Übrigen wird mir himmelangst und bange, wenn ich daran denke, dass meine bisherigen Taten in ihrer Summe qualitativ wohl eher mäßig sind, daher nur Leichtgewichte auf der Waagschale sind und kaum ausreichend für mich sprechen dürften.

*

Wir können die oben zitierten und von mir kritisch gedeuteten Bibelstellen wie ein Schwamm dankbar aufsaugen - wir können uns dabei aber auch die Binsen am Flussufer vorstellen, die ihre vorläufigen Erkenntnisse in den Wind flüstern.

Oder sind wir nun mit dem Gedanken ans Sterben vertraut, getröstet und versöhnt?

(J.H. 04/2023)

Schmerz und Trost

Beim Aussortieren alter Zeitungen stieß ich in letzter Minute auf eine Todesanzeige.

In Dankbarkeit und Liebe wurde Abschied genommen von jemandem, der nach schwerer Krankheit gestorben war. Mein Jahrgang, einer meiner früheren Klassenkameraden. *Wolfgang* und ich waren zwar nie enge Freunde, aber wir gehörten in der Oberschulzeit derselben Klasse an, bis zur Mittleren Reife im Jahre 1957. Danach verloren sich unsere Spuren, bis sich Teile unserer ehemaligen Klasse bald nach der Wende suchten und zusammenfanden – nach 34 Jahren!

Wenige der Ehemaligen habe ich damals auf Anhieb wiedererkannt, aber bei Wolfgang war das anders. Er schien kaum gealtert; geblieben waren der Tonfall seiner Stimme, seine bedächtige Sprechweise, sein ruhiges und freundliches Wesen. Erst im Nachhinein wurde mir bewusst, dass unsere beruflichen Wege einige frühe und kurzzeitige Parallelen aufzeigten: wir wurden nämlich beide zu Bankkaufleuten ausgebildet. Er stieg auf zum Bankdirektor – ich studierte nach meinem externen Abitur und unterrichtete als Gymnasiallehrer.

Bereitwillig und gern berichtete er mir von seiner Familie und wohlwollend nahmen wir voneinander Notiz. Zehnmal hatten wir uns seit 1991 getroffen. Und nun wurde er auf dem Kirchhof Marienfelde beerdigt – am 09. Februar 2001, kaum dass er die vorzeitige Pensionierung erlebt hatte.

Vom Himmelreich war in der priesterlichen Predigt die Rede. Vom Himmelreich, das den Gläubigen hier auf Erden gewiss sei, vom Schauen des hier Geglaubten. Es waren trostreich gemeinte Worte, die den individuellen Tod einbetteten in das Weltganze und die durch die Betonung des Hinüberschreitens in eine andere Daseinsform das Sterben und den Tod als etwas Natürliches und auch Notwendiges darstellten. Es waren Worte, die man aus gleichem Anlass so und nicht anders erwartet.

Was mich im Rahmen der persönlichen Würdigung des Verstorbenen beeindruckte, war die Mitteilung darüber, dass Wolfgang am Ende seiner Tage gesagt habe, er hätte „ein schönes Leben" gelebt. Dieser Satz dürfte die Summe seiner tief empfundenen Freuden in seiner Familie und in seinem Beruf, in seiner Gemeinde und auf Reisen dankbar widergespiegelt haben.

*

Ob wir, Du und ich, einst sagen können, wir hätten „ein schönes Leben" gelebt?
Kann dies nur gelingen in Zeiten des Friedens, des Wohlstands und der Vollbeschäftigung?
Kann nur der gesunde Mensch glücklich sein?
Sind es die Jahreszeiten, die uns begeistern?
Oder das Geschenk der Freiheit?

Sind es unser Lachen (und Weinen), unser Wünschen und Träumen?
Das kühle Bier im Schaukelstuhl oder die Lust, die Sterne vom Himmel zu pflücken?

Ich glaube, es hat neben und über allem mit der Liebe zu tun, die wir schenken und empfangen dürfen. Es geht nie ohne die Anderen!
Friedrich Bollnow, ein deutscher Pädagoge und Philosoph, wurde einmal gefragt, was ihm Kraft zum Leben gebe. Sinngemäß antwortete er, es seien *das Haus* und *die bildlose Hoffnung*.

Offensichtlich ist hier von Geborgenheit und Vertrautheit die Rede und von einem unschlagbaren Optimismus, dass sich die Dinge letzlich fügen.

(J.H., Gemeindebrief Mariendorf-Süd 04/2001;
b. 04/2023)

Nachdenken über den Tod

Der *Duden* verzeichnet unter dem Eintrag *tod-/tot-Tod-/Tot-* lediglich die Zusammensetzungen mit diesen Vorsilben.

Der *Große(r) Brockhaus* (1984) definiert den **Tod** als „das Sterben, Aufhören aller Lebensvorgänge." Dargestellt werde er allegorisch als Gerippe oder als Skelett; oft bezeichnet als Schnitter oder Sensenmann.

Der Duden definiert das ***Paradies*** als „Garten Eden", als „Himmel" für den Ort der Seligkeit.
Nebenbei gesagt, im Englischen wird dieser unsichtbare (metaphorische) Himmel, um den es sich hier dreht, als *heaven* bezeichnet – im Gegensatz zum sichtbaren Himmel, der den Engländern (nordisch entlehnt) bei Wolkenlosigkeit als *sky* erscheint.

Der **Himmel** als theologischer Begriff wird im Duden gar nicht erwähnt, dafür aber wiederum im Großen Brockhaus als „Sitz der Gottheit(en), der sich über der Erde befinden soll, auch Aufenthaltsort der Verstorbenen, Jenseits (im Unterschied zur Erde, zum Diesseits) und Ort der ewigen Seligkeit (im Unterschied zur **Hölle** als Ort der ewigen Verdammnis)."
Seligkeit bedeutet demzufolge „Errettung".
In einer anderen Bedeutung heiße Himmel auch „Wille der Gottheit, Vorsehung, Schicksal."

Laut Brockhaus ist das Paradies ein „als herrlicher Garten gedachter Ort des immerwährenden Glücks und Friedens, der Ruhe und Gerechtigkeit, der belebt ist von üppigen Pflanzen und friedfertigen Tieren."

Er sei ein „Ort der Freude, (der) Gerechtigkeit, (ein) besonders schöner Ort, der (ein) ideales Betätigungsfeld (für jemanden) darstellt..."

Ein studierter Theologe wäre vielleicht entsetzt über die Dürftigkeit meiner Begriffsanalysen; aber sie dienen mir als Rettungsring, der uns immerhin vorm Ertrinken bewahrt.

Ich kann mir gut vorstellen, dass jemand, der sozusagen im Losverfahren auf Erden hinsichtlich seiner Lebensumstände eine Niete gezogen hat und sich in seinem Hinterhofdasein unbehaglich und vergessen fühlt, womöglich lichtlose räumliche Enge ertragen muss, den die Armut kneift, der sich mit dürftiger materieller Ausstattung zufrieden geben muss, dessen Atemluft aus Abgasen besteht und in dessen Wohnquartier sich gar zu viele Menschen auf die Nerven gehen (englischer Arbeitstitel: „Overpopulation breeds hostility") und der dem vorbeirollenden Lärm ausgesetzt ist, auf eine ersehnte *Nemesis*, also eine ausgleichende Gerechtigkeit, zählt.
Bloß weg aus diesem feindseligen Massenquartier und finde die Zukunft zur Not erst irgendwann und irgendwo im himmlischen Paradies statt!
Wo denn sonst?
Würde er mich allerdings als einen bzw. *seinen* seelsorgerischen Betreuer um Rat, Hilfe und Trost bitten, so könnte ich ihm keine großartige Zukunftsfreude versprechen, da ich ihm weder die reale Existenz eines wie auch immer gearteten unsichtbaren Himmels beweisen und dessen

Ausstattung beschreiben, noch den konkreten Ort desselben verraten könnte. Wir reden hier von eher abstrakten Begrifflichkeiten.

Hautnah habe ich den irdischen Tod neben dem Ableben meiner geliebten Frau nur beim Sterben meiner Schwiegermutter erlebt.
Sonst nur im Film.
Beim Filmdreh stehen „die Toten" wahrscheinlich in der jeweiligen Szene mehrmals wieder auf, bis der Regisseur mit der Darstellung zufrieden ist.
In der Oper verbeugen sie sich als „Auferstandene" am Ende vor dem Vorhang und werden beklatscht – oder ausgebuht.
Je nachdem.

Ja, was geschah mit unseren Toten und was geschieht einst mit uns beim Eintritt des Todes, des „Aufhörens aller Lebensvorgänge"?
Wohin geht die Reise?
Ich weiß es nicht, erwarte jedoch nichts.
Gar nichts.
Und sollte etwas geschehen, so wäre es eine Überraschung für mich – eine Überraschung, die ich ja wohl bewusst wahrnehmen würde.

Eilen uns womöglich ausgewählte Bibelstellen zu Hilfe?

*

Schlagen wir zuerst nach bei Kohelet (Prediger, 7,1):

„Ein guter Ruf ist besser als duftendes Öl. Ich aber sage: Der **Todestag** *ist besser als der Tag der Geburt."*

Diese metaphorische (bildhafte) Sprache klingt kryptisch (geheimnisvoll) – vielleicht auch rätselhaft. Ich verstehe das folgendermaßen:

Ein guter Ruf muss verdient und teuer erkauft sein; er fällt niemandem in den Schoß und bleibt – oder auch nicht.
Duftendes Öl kostet je nach Qualität ebenfalls so Einiges und sein Duft verweht – oder er steht schlimmstenfalls miefig in der Luft; je länger, desto weniger zum Aushalten.
Wer sich ordentlich wäscht, so würde ich kühn behaupten, braucht sich nicht einzunebeln und die Nasenschleimhäute seiner Mitmenschen zu reizen.

Weshalb sollte der Todestag besser sein als der Tag der Geburt?

Na ja, wir wurden ohne unser Zutun geboren – als Opfer, sozusagen.
Wir konnten uns weder unsere Eltern noch den Tag der Geburt noch unser Heimatland aussuchen.
Wir waren unserm Schicksal wehrlos ausgesetzt - grammatisch gesprochen: Passiv, Leideform.
Da war von uns keinerlei Eigenleistung gefordert.
Da gab es für uns nicht die Spur demokratischer Mitbestimmung!

Im Laufe unseres Lebens erhalten wir die Chance, uns einen Ruf zu erarbeiten, sofern wir aus und mit unserm Leben etwas Vernünftiges machen.

Fällt am Ende das Urteil über uns positiv aus, dürfen wir hochgeachtet und in Würde sterben – aber eben nur dann.

Meine Interpretation mag zu kurz gesprungen sein; aber ist das etwa meine Schuld, wenn das Alte Testament so wenig Klartext redet?

Es steht jedenfalls fest, dass wir bei Kohelet nichts über die näheren Umstände unseres Todes erfahren.

Er spricht lediglich über den Todestag und nicht über das Danach.

Es bleibt unklar, ob wir nur zeitlich begrenzt in Todesstarre verharren müssen oder allmählich zu Erde werden.

Wir erfahren nicht; ob der Tod ein Dauerzustand oder lediglich ein Übergangsstadium ist und was von uns gegebenenfalls weiterlebt.

Woher sollte Kohelet dies auch wissen?

Dürfen wir ihn also getrost zu den Akten legen?

*

Im Buch *Jesus Sirach* taucht das Stichwort „Tod" mehrfach auf:

*Vom Herrn kommt alles Glück und Unglück, Leben und **Tod**, Armut und Reichtum (11,14).*

Klingt das nicht etwa nach einer Prädestination (Vorherbestimmung), der wir arme Teufel wehrlos ausgesetzt sind?

Tod – wie bitter ist der Gedanke an dich für einen, der zufrieden und sorgenfrei in seinem Heim lebt, dem alles gelingt und der noch genügend bei Kräften ist, um Freude zu genießen (41,1).

Hier wird der Tod schon eher als Allegorie (Personifizierung) angeredet, als „Schnitter" oder „Sensenmann" verstanden, wie es oben in der Brockhaus-Definition heißt. Wir stellen ihn uns vor als schwarz gewandet mit pechschwarzem Gesicht und weißen Augenhöhlen.
Na klar, wer Freude am Leben hat, dem kommt der Tod ungelegen, hat er doch zum Sterben wahrlich keine Zeit!

*Hab keine Angst vor dem Urteilsspruch des **Todes**. Denk an alle, die dir vorausgegangen sind, und die nach dir kommen (41,3).*

Auch bei Jesus Sirach erfahren wir nichts über den „Aggregatzustand" und Verbleib der Verstorbenen im Schattenreich des Todes und wir können dieses Schattenreich auch immer noch nicht verorten.

.*

Wenden wir uns dem Neuen Testament zu:
Bei *Johannes (5,24-25)* lesen wir:

Ich versichere euch: Alle, die auf mein Wort hören und dem vertrauen, der mich gesandt hat, werden ewig leben. Sie werden nicht verurteilt. Sie haben den **Tod** *schon hinter sich gelassen und das unvergängliche Leben erreicht.*
Ich sage euch: die Zeit ist nicht mehr fern – sie hat sogar schon begonnen – daß die **Toten** *die Stimme des Gottessohnes hören werden, und wer sie hört, wird leben.*

Diese Verheißungen klingen erstens so, als könne uns das ewige Leben allein durch den Glauben und ohne eigene Verdienste zuteilwerden und als sei der Tod nur ein Durchgangsstadium von begrenzter Dauer.
Welches Schicksal ereilt jedoch die Zweifler?

Zweitens fehlen überzeugende Begründungen und beweiskräftige Fallbeispiele.
Hat Johannes Unsagbares etwa sagbar gemacht?

*

Im *Römerbrief (7,25)* stellt der *Apostel Paulus* die fast rhetorisch klingende Frage:

Wer entreißt uns dem sicheren **Tod***?*

Er weiß die Antwort:

Gott hat es getan! Ihm sei Dank durch Jesus Christus, unseren Herrn.

Für mich wird durch die herangezogenen Bibelstellen aus dem Alten und dem Neuen Testament das *Phänomen Tod* (und das Danach) nicht fassbar gemacht. – vielleicht, weil es ohnehin unfassbar ist.

Zu viele Geheimnisse bleiben ungeklärt.

Oder sollen wir über Gewissheiten hinweggetröstet werden?

Der Sinn göttlichen Handelns bleibt offen.

Woher wussten die Schreiber und Sprecher überhaupt so genau Bescheid?

Die Weltgeschichte bis heute wäre mit Sicherheit positiv(er) verlaufen, wären die „Gläubigen" aller Zeiten und allerorten in sich gegangen und hätten dasjenige gelebt, was sie zu glauben vorgaben.

*

Die christliche Gemeinde bekennt im apostolischen Credo an jedem Sonntag ihren Glauben an das *ewige Leben* und damit an die Überwindung des Todes.

Dort heißt es (auszugsweise):

*Ich glaube an (…) Jesus Christus (,,,), gekreuzigt, gestorben und begraben, hinabgestiegen in das Reich des **Todes**, am dritten Tage auferstanden von den **Toten**, aufgefahren in den Himmel, (…) zu richten die Lebenden und die **Toten**. Ich glaube an (…) die (…) Auferstehung der **Toten** und das ewige Leben. Amen.*

Vom Reich des Todes ist hier die Rede und wenn man dort hinabzusteigen hat, dann muss es, um im Bild zu bleiben, *unten* sein – hin in Richtung Erdmittelpunkt, Schicht für Schicht siedend heiß werdend (die fortschreitende Erderwärmung oben noch nicht eingerechnet).

In einem Popsong unserer Tage heißt es: *Fahr zur Hölle, aber nimm mich mit!"*
„Ja", würde ich sagen, „einerseits schon, aber wir hätten dort keine Überlebenschance und es wäre schnell aus mit unsrer Liebe!"

Soll dieses Reich des Todes wirklich nur ein Durchgangsstadium sein und, wenn ja, welche Funktion hätte es?
Könnten selbst die Überbleibsel unserer Asche auferstehen?

Jesus Christus sei von den Toten auferstanden – er allein?
Sind alle übrigen Generationen je Verstorbener zurück im Todesschattenland geblieben?
Die christliche Gemeinde ist da weniger zum Fragen aufgelegt; denn sie glaubt an die Auferstehung der Toten, wenn offenbar auch auf Umwegen.
Ohne Auferstehung keine Teilhabe am ewigen Leben – oder?
Es mag ja sein, dass wir immer und immer wieder erst die metaphorische Bedeutung der biblischen (vor allem der alttestamentlichen) Sprache entschlüsseln und dann mühsam deuten müssen.

Kann es aber sein, dass wir gern in Rätseln sprechen, wenn wir etwas selbst nicht so genau wissen?

Spräche ich mit meiner Umgebung ständig nur in Metaphern, so wäre dies höchst verwirrend, oft uneindeutig, und alle würden mich um Klartext bitten.

Bildhafte Sprache bleibt eben eine „uneigentliche" Ausdrucksweise. Sie steht für etwas, was so sein könnte - oder auch nicht.

Wenn *Percy B. Shelley* poetisch klagt, dass er *einsam wie eine Wolke wandere*, dann würde ein eingefleischter Berliner vermutlich sagen: „Saach doch gleich, det de Dia alleene fühlst!" – oder so ähnlich.

*

Menschen leben irgendwie weiter, solange wir uns an sie erinnern – mal gut, mal weniger gut.

Mit zuweilen eher gemischten Gefühlen lese ich Traueranzeigen in der Zeitung, weil dort die Nachrufe Sonntag für Sonntag meist Verstorbene beschreiben, die nur Tugenden und offenbar niemals Laster hatten.

(Vielleicht käme, juristisch gesprochen, die Erwähnung eher negativer Charakterzüge sogar übler Nachrede gleich.)

Zugegeben, liebgewordene Erinnerungen mögen uns phasenweise trösten, aber sie wirken letztlich nur in unserer Vorstellung weiter und spiegeln nicht die Wirklichkeit.

Und (Achtung! Jetzt kommt eine Binsenwahrheit!) sie bewahren uns selbst nicht vor dem Ablaufen der eigenen Lebensuhr.

*

In der Schule habe ich früher gelernt, dass sich in bestimmten Konstellationen zwei Tangenten in der *Unendlichkeit* träfen. Ich habe mir das nie vorstellen können.
Ebenso wenig kann ich den Begriff der *Ewigkeit* in meiner Wahrnehmung unterbringen.
Selbst wenn ich's könnte, käme in mir am Ende wieder die ewige Frage nach dem Sinn aller Glaubensinhalte auf.
Ich kann mich dieser skeptischen Fragerei nicht erwehren, sie klopft einfach ungebeten bei mir an – und vermutlich nicht nur bei mir!

Schlusswort:

Es muss mir wohl einst genügen, auf ein diesseitig sinnerfülltes Dasein zurückblicken zu dürfen und dann einen Schlussstrich unter mein Leben zu ziehen – ohne jeden Notausgang.

(J.H. 04/2023)

.

Fragen über Fragen

Du fragst erstaunt Dich unentwegt:
Was gibt denn meinem Leben Sinn?

War meist gesund, nie ernsthaft krank,
Zufrieden spür' ich großen Dank,

Doch tief im Kopf, so mittendrin,
Gedankenfluss nach Antwort strebt.

Die *Erste Hilfe* – *immanent* –
(Als Beispiel nur) macht wirklich Sinn!

Der Sanitäter – angefragt –
Tut seinen Job, wie angesagt.

Doch wo geh'n die Gedanken hin
Wenn der Bereich wird *transzendent*?

Wir hören niemals auf zu fragen
Wer wird aus dem Verwirrspiel klug?

Wie ist wohl alles nur beschaffen?

Der Forschergeist greift zu den Waffen
Und weiß am Ende nie genug.

Worauf nur lässt sich Antwort sagen?

(J.H. 01/2023)

Fiktives Interview an der Himmelspforte

Pförtner: (Greift zum leeren Fragebogen)
Also, hia in'n Himmel kommste nur rin,
wenn wa vorher den Fragebog'n
ausfüll'n.
Wie heißt de denn?

Jürgen: *Jürgen Gerhard Hans Heinz Hembd.*

Pförtner: Junge, is det'n langa Nahme. Konnt'n
sich Deine Eltern nich einich werd'n?

Jürgen: Na ja, jerufen hab'm se mia imma mit
Jürgen. Und Gerhard war mein
Vata, und Hans Heinz mein Onkel, der
Bruder von meina Mutta.

Pförtner: (fragend)
Hans Heinz mit oda ohne Bindestrich?
Ach, ick seh' jerade, dem Fragebogen
is det ejaal.
Jebor'n biste im. Mai 41 – richtich?
(Leichtes Wiegen mit dem Kopf)
Da biste ja schon janz schön alt
jeword'n.

Jürgen: (entschuldigend)
Ick hab's mia doch nich ausjesuucht!.
(nachdenklich)
Wenn ick in'n Himmel komme, wie alt
bin ick denn dann? Und seh ick ooch
wieda juht aus? So wie früha? Und
krieg' ick'n andan Nahmen?

Pförtner: (zurechtweisend)
Steht hier nich im Fragebogen.

	Aba saach mal, jibst denn unten noch die alte Dame Hertha BSC?
Jürgen:	(abwägend)
	Also, ick hab' lange uff Union 06 jestand'n, aba ick bin ja eijentlich keen Fußballa, eha schon'n Schwimma.
Pförtner:	Aba aus Berlin kommste doch wohl, jenau wie ick ooch.
	Nu zur erst'n Frage: Haste jern jelebt?
Jürgen:	**Ja**, klar doch.
Pförtner:	Haste Dein'n Beruf ooch jemocht - ick meen' deen anne Schule?
Jürgen:	Klaret „**ja**".
Pförtner:	Haste Deine Frau so richtich jeliebt?
Jürgen:	(spontan)
	Ja, janz mächtich! Hat füa uns beede ausjereicht!
Pförtner:	Und sie Dia ooch?
Jürgen:	(ausholend)
	Also,…
Pförtner:	Uff'm Fragebogen jibst keen „also". Hier jibtst nur *ja* oder **nee**.
	(entschlossen)
	Also „ja".
	(brummend)
	Allet muss man hia alleene mach'n. Haste Deine Kinda und Enkel und allet, wat da so dranne hängt, ooch jemocht?
Jürgen:	(wie aus der Pistole geschossen)
	Janz ville „**ja**"!
Pförtner:	(nüchtern)
	Eenmal „ja" is jenuch! Jibt sowieso nur

	een Kreuz!
	Warste imma jesund?
Jürgen:	(nachdenklich)
	eijentlich imma.
Pförtner	(mit entschlossener Miene)
	Is ooch'n „**ja**".
	Hasste imma in'n Himmel jewollt?
Jürgen:	(bedenkt die *Hölle* als Alternative)
	Ja, klaa!
Pförtner:	Du saachst imma bloß „ja". Ick gloobe, ick muss ma de Fragetechnik ändan. Haste je bedauert, uff de Erde jelebt zu hab'n?
Jürgen:	**Nee**!
Pförtner:	(pfiffig)
	Siehste, det erste „Nee". Jetze nimmt det Jespräch endlich Fahrt uff und kricht'n janz neuen Dreh!

(J.H. 02/2023)

Roter Faden

Es zieht ein roter Faden
Sich durch mein Leben hin:

In Treue zu Dir halten

Und liebevoll gestalten,
Was wir uns aufgetragen,

Gibt meinem Leben Sinn.

(J.H. 02/2023)

Nachwort

Zwischen 1990 und 2000 habe ich zahlreiche vorwiegend laientheologische Beiträge für das Gemeindeblatt der evangelischen Kirchengemeinde Mariendorf-Süd verfasst.

Ab 2000 wurde ich eingeladen, für die Gemeinde Mariendorf (Mitte) zu schreiben.

Irgendwann begann ich auch dort meine Gedanken gelegentlich in Gedichtform zu gießen und dies mit gewisser Regelmäßigkeit zu Weihnachten.

Auch im privaten Bereich habe ich mich in beiden Sparten versucht.

*

Beim Singen und beim Musizieren haben wir grundsätzlich nur eine einzige Chance um den musikalischen Vortrag gefühlt fehlerfrei gelingen zu lassen.

Ohne Präzisionsarbeit kein Schlussapplaus und keine Zufriedenheit mit sich selbst!

Beim Schreiben ist es irgendwie ähnlich. Nichts ist mehr zu löschen, sobald es gedruckt aus der Hand gegeben ist.

Wer sich beim Schaffensprozess mit Poesie oder Prosa abgibt, kann bis zum Zeitpunkt der Drucklegung oder des öffentlichen Vortrags daran feilen und Veränderungen vornehmen.

Wenn ich meine „Werke" im Nachhinein lese, dann ergeht es mir wie jenem französischen Maler, der seine eigenen im *Louvre* aufgehängten Bilder heimlich mit Pinsel und Farbe „nachgebessert" haben soll, bis ihm dort schließlich Hausverbot erteilt worden sei.

Auch ich habe nachträglich ständig inhaltliche und formale Veränderungen vorgenommen; aber auch diese haben vermutlich nur eine recht kurze Halbwertzeit.

Wer meine Gedichte oder Prosatexte liest, mag, wie schon zuvor befürchtet, gelegentlich denken, dass sie mitunter einen lehrhaften Charakter hätten.

Mag sein.

Der Beruf färbt ab!

Dabei nehme ich mir immer wieder vor, kein Ratgeber sein zu wollen, der sogar Fragen klug beantworten kann, die von niemandem gestellt wurden und der jederzeit den passenden Hinweis zur Hand hat.

Ich bleibe dabei:

Viele der von mir aufgeworfenen Fragen könnten jedoch nicht nur mir, sondern wohl uns allen über die Lippen kommen, weil sie sich einem jeden von uns stellen.

Ehrlich gesagt – ich würde mich über weitere Fragen gar nicht wundern.

So unbefriedigend und vorläufig manche Antworten auch sein mögen – Nachdenken lohnt sich immer!

J.H.

Inhaltsverzeichnis

(Gedicht sind *kursiv* hervorgehoben)

Ebenfalls bei BoD sind von mir erschienen

Wie ein Magnet   2007, 60 S.
ISBN 978 - 3 - 8370 - 1371 - 9
Dem Geheimnis der Weihnacht auf der Spur
2008, 60 S.
ISBN 978 - 3 - 8370 - 6586 - 5
Schule — Haus des Lernens   2009, 220 S.
ISBN 978 - 3 - 8391 - 0000 - 4
Mit dem Rücken zur Fahrtrichtung   2009, 60 S.
ISBN 978 - 3 - 8391 - 3010 - 0
Vom Baum der Erkenntnis kosten   2010, 60 S.
ISBN 978 - 3 -8423 - 0683 - 7
Festhalten und Loslassen   2011, 60 S.
ISBN 978 - 3 - 8423 - 4408 - 2
Opa erzählt   2012, 60 S.
ISBN 978 - 3- 8482 - 2780 - 8
Opa erzählt weiter   2013, 62 Seiten
ISBN 978-3-7322-37778-4
Opa erzählt noch einmal   2014, 64 Seiten
ISBN 978-3-7386-0543-3
Teststrecken in der dritten Lebensphase   2015,
66 Seiten
ISBN 978-3-7392-0491-8
Ohne Dich und stets mit Dir   2020, 308 Seiten
ISBN 978-3-75268904-4
Meinen Vorfahren auf der Spur 2022, 329 Seiten
ISBN 978–3–7557–4194-7

Weiterhin zu empfehlen:
Hans-Heinz Gerhardson,
Wenn das Schicksal die Reißleine zieht   2013,
184 Seiten
ISBN 978-3-7322-8828-1